新任3年目から「引き出し」を増やす

困った場面をズバリ解決！指導術

授業づくり 編

土居正博・安藤浩太 編著

教育サークルKYOSO's 著

明治図書

はじめに＆本書のコンセプト

若手教師の学級づくりでの悩みを解決したい！

　本書は「あるある困った場面」シリーズのうち，授業づくりに主眼を置き，具体的実践を集めた１冊です。

　そもそも，このシリーズを書くことになったきっかけは，私が教員サークル活動を進めていく中で多くの若手教師と接していて，以下のようなことに気付いたからです。

> 若手教師がつまずくことはすべて同じではないが，
> かなり似通っている

　ためしに，目次ページをご覧ください。

　「あぁ，これある！」という場面ばかりだと思います。このような場面は誰しもが経験するもので，対処法やそもそもそういう場面に直面する，ということを知っておくのと知らないのとでは大きな差になります。

　このシリーズでは，そんな「あるある困った場面」に対する有効策を紹介しています。

　『新任３年目までに身につけたい　困った場面をズバリ解決！指導術』では，授業づくり，学級経営，子どもとの関わり，保護者対応，同僚との関わり，仕事術の６つの項目ごとに，若手教師が直面する「あるある困った場面」を挙げ，それぞれに対して解決策をイラストとともに分かりやすく示しました。

2

「教師は授業で勝負」とはよく言われますが，教師として子どもたちと毎日過ごしていると，このことを痛感します。どんなに明るく，子どもから好かれる教師でも，授業が下手だと子どもたちは授業中につまらなそうにしています。そういう時間が積もり重なると，時には学級の荒れへとつながっていきます。やはり，授業は教師にとって生命線なのです。

　ですから，「あるある困った場面」シリーズの続編として，授業づくりの具体的な対応策を本書ではまとめました。

ほとんどの若手教師が経験する「困った場面」を掲載！

　「若手教師」とひと口に言っても様々な方がいますが，それでも意外なほど若手教師が経験する悩みは似たことが多いものです。

　私自身，初任者〜３年目までの間にこれらの悩みの多くを経験しました。一つ一つは細かい悩みであっても，積み重なると「どうしたらいいのか分からない！」と途方に暮れてしまうこともありました。

　新卒時に多くの教師が学級崩壊やそれに似た状況を引き起こしてしまう，と言われていますが，実はその原因が本書に挙げたような悩みの場面でうまく対応できなかったということもあるかもしれません。

　教育は細かいことの「積み重ね」です。挨拶ができない子たちにどのように指導するか，騒がしいときにどうするか，給食の準備が遅いときどうするか……など，これらの場面においてどう対応するかは，「絶対的な正解」はないものの，教師がその場その場で「最適解」を考え実行していくことで，子どもが少しずつプラスの方向へ進むことができます。

　しかし，これらの場面すべてで「不正解」を選択し実行していくことを

「積み重ねて」しまっていったら……子どもは確実にマイナスの方向へ進んでしまいます。教師の言うことに耳を貸さなくなり，子ども同士のトラブルが多発し，授業が成立しなくなってしまうこともあります。

本書はそのような，若手教師のほとんどが経験し，なおかつ実は重要な「あるある困った場面」の事例をたくさん取り上げました。**その一つ一つの悩み，困りに，「少し先輩」の立場から答えたのが本書なのです。**
本書に挙げた「あるある困った場面」は実際に私やサークルメンバーが経験したものです。しかも，我々の年齢層は20代後半〜30代ですので，まだまだその場面での記憶も鮮明です。若手教師の思い，立場や状況なども加味したうえでのアドバイスとなっています。

具体的な実践を2本ずつ掲載！

本書の大きな特徴が，**一つの「あるある困った場面」につき，二つの具体的実践を掲載している**，ということです。
困った場面自体は「あるある」でも，日本全国に同じ教室は二つとありませんし，同じ子どもも2人といません。すべての状況は「特殊」であるとも言えます。そんな中「こうすればすべて問題は解決され，うまくいく」という方法は残念ながら存在しません。
『新任3年目までに身につけたい　困った場面をズバリ解決！指導術』ではどちらかというと「基本的」な対応について掲載しました。そのため，それで解決する場合もあれば，それでは通用しない場合もあったかもしれません。繰り返しになりますが，絶対的な正解，万能な手法などないからです。

そこで本書では，さらに詳しい具体的実践を二つ掲載し，その中から読者である先生方が，指導の引き出しを増やし，本書に書かれている実践から選んだり組み合わせたりして，目の前の子どもたちにとっての「最適解」を導き出していただく，ということを目指しました。

　私を含めた「KYOSO's」のサークルメンバーたちで実践して，効果があった内容やその問題への考え方などをなるべく具体的に書きました。中には，二つの実践が大きく異なるものもあります。だからよいのです。それらをお読みになり，「これはうちのクラスでやれそうだな」とか「この考えには納得できるな」というものを取り入れていっていただければいいですし，「この実践のここと，あの実践のあれを組み合わせたらなおよさそうだ」などと組み合わせてもよいでしょう。

　いずれにせよ，一つの問題に対して二つの実践が掲載されていることで，それらを比較しながら読むことができ，実践の引き出しを増やすことができるのです。

　少し経験を積んで，様々なケースを経験してこられた若手の先生にこそ，お読みいただきたいと願っています。

事例ページの読み方

　最後に，本書の読み方を解説します。

　各事例は，いずれも6ページで構成されています。それぞれの項目は次のようにお読みください。

1ページ目：お悩み相談

最初のページは，初任者や若手教師目線で「あるある困った場面」を説明している項目です。「初任者や若手教師から寄せられた相談」という想定で書いています。まずは見出しとこの項目を読んで，問題場面や悩みをご自身の体験と合わせて具体的にイメージしてください。

2～5ページ目：実践例

この項目には，「悩み解決に向かうための考え方」や「教師の姿勢」「具体的実践（手法）」が書かれています。サークルメンバーが実際に実践して効果があったことを中心に書かれています。苦闘の末行き着いた考え方，姿勢，手法が書かれており，きっと，先生方の悩みを解決するための一助となるはずです。

本書を武器に，悩み多き初任者時代，若手教師時代を生き抜いていってください！

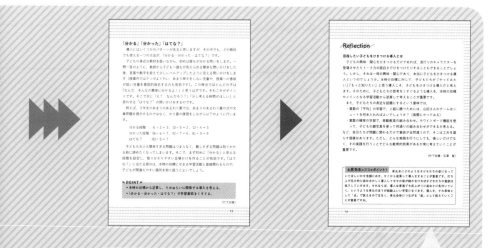

6ページ目：リフレクション

ここには，主に2種類の内容が書かれています。一つが具体的実践を書いた2人がお互いの実践を読み合って見出したことです。他者の実践を読み合い，共通点や相違点を見出すことで，その問題に対して重要なことや外してはいけないことがさらにクリアに見えてきています。もう一つが，補足情報です。実践例に書ききれなかった，他の実践アイデアやそもそも問題が発生しないための予防策，事前指導や事後指導などについて，必要に応じて載せています。これらの情報も含めて，幅広い視野から問題を解決する方法を見つけていってください。

編著者　教育サークルKYOSO's代表　土居正博

CONTENTS

導入で子どもたちを
どうひきつけたらいい？

楽しい授業，子どもたちが前のめりになるような授業をするために，導入で子どもをひきつけたいです。先輩からも，「導入が重要だよ」とよくアドバイスを受けます。

でも，何から手をつけていいのか分かりません。どのように導入を考えたらよいのでしょうか。

導入で大切なことは……？

　授業の導入。子どもたちに「楽しそう！」「やってみたい」と思わせるスタートをきりたいものです。ただ，子どもをひきつけることだけに気をとられて，流行のキャラクターを登場させたり，大がかりな導入を考えたりすることは，授業の本質とずれたり，毎時間の授業で取り組めなかったりすることがあります。学習内容面での興味・関心をひきつけ，学習意欲につなげる導入をしたいものです。そこで大切にしたいことは「啐啄同時」です。啐啄同時とは，鳥の雛が卵から出ようと鳴く声と，母鳥が外から殻をつつくのが同時であるという意味から，学ぼうとする者と教え導く者の息が合って相通じるまたとない好機のことをいいます。子どもたちの「どうして？」「もっと知りたい！」をくすぐる導入をするためには，どのようなことを意識すればよいのでしょうか。

逆算して授業を考える

　子どもをひきつける導入ありきで授業を考えるのではなく，本時の目標，本時で一番考えさせたい活動から，以下のように逆算して授業を考えます。

　　本時でねらいたい子どもの姿（本時の目標）
　　　　　　↓
　　本時の目標にせまる学習活動
　　　　　　↓
　　学習活動に向けたスモールステップ
　　　　　　↓
　　子どもが興味・関心を持つ導入

「分かる」「分かった」「はてな？」

　導入にはいくつかのパターンがあると思いますが，その中でも，どの教科でも使える一つの方法が，「分かる・分かった・はてな？」です。

　子どもの身近な教材を扱いながら，初めは誰もが分かる問いをします。一問一答のように，教師から子どもへ誰もが答えられる簡単な問いかけをした後，言葉や数字を変えて少しレベルアップしたように見える問いかけをします（授業内ではテンポよく行い，あまり挙手をしない児童や，授業への意欲が低い児童を意図的指名するのも有効です）。この時点でほとんどの子は「なんだ，そんなの簡単に分かるよ！」と思うはずです。それこそがポイントです。そこで次に「え？　なんだろう？」「少し考える時間がほしい」と思わせる"はてな？"の問いかけをするのです。

　例えば，３年生のあまりのあるわり算では，あまりのあるわり算の式や文章問題を提示するのではなく，わり算の復習をしながら以下のように行います。

　　　分かる段階　　：$6 \div 2 = 3$，$10 \div 5 = 2$，$12 \div 4 = 3$
　　　分かった段階：$56 \div 8 = 7$，$42 \div 7 = 6$，$81 \div 9 = 9$
　　　はてな？　　　：$83 \div 9 = ?$

　子どもも大人も簡単すぎる問題はつまらなく，難しすぎる問題は取りかかる前に諦めたくなってしまいます。そこで，まず初めに「分かる」と思える段階を設定し，取りかかりやすい足場かけを作ることが有効です。「はてな？」に当たる部分は，本時の目標にせまる学習活動と直接関わるものや，子どもが間違えやすい箇所を取り扱うとよいでしょう。

⟫ POINT ⟫
- 本時の目標から逆算し，そのねらいに関係する導入を考える。
- 「分かる・分かった・はてな？」で学習意欲をくすぐる。

（竹下志穂）

学習を自分事として考える導入の工夫

　教科書を開き，教科書に書いてある学習問題を写し，やり方を確認して問題を解く——このような授業展開では，一定の知識の定着は見込めますが，子どもが主体的に学習に取り組もうとする機会が失われ，受け身の学習者になってしまうことが予想されます。子どもをひきつける導入の工夫を行うことで，「もっとやってみたい！」「どうしてそういう結果になったのか，もっと詳しく調べてみたい！」という意欲が増し，学習を自分事として考えることができるようになっていきます。ここでは理科の授業における導入の工夫について紹介していきます。

隠す

　4年「ものの温度と体積」の学習では，栓をしたペットボトルを，中が見えないようにした箱に入れて提示しました。しばらくすると，「ポンッ！」という音とともに勢いよく栓が飛び出します。この事象提示から子どもは，「中に何かが入っているに違いない！」「お湯が入っているかも」「お湯が空気に何か作用しているかも」と思考し，「空気を温めると体積はどのように変わるのだろうか？」という学習問題が子どもたちからつくり出されました。

実験道具を大きくする

　5年「もののとけ方」の学習で，食塩をティーバッグに入れ，ビーカーの中の水に溶かす，という導入があります。しかし，食塩が溶けるときのモヤモヤ（シュリーレン現象）に子どもの関心がいってしまい，肝心の食塩の溶け方について注目しづらいという経験がありました。

　そこで実験道具をビーカーから長さ1m，直径8cmのアクリルパイプに大

14

きさを変え，演示実験を行いました。すると，食塩はスプーン1杯くらいでしたら，底に着く前には溶けて消えてしまいます。その現象を見た子どもからは，「もっと溶かしてみたい！」という感想が出され，「水に食塩が溶ける量に限りはあるのだろうか」という学習問題がつくり出されました。

とことん遊ばせる（試行錯誤させる）

　5年「ふりこの動き」の学習では，一人一人に，たこ糸1mとフック付きのおもりを一つずつ渡し，自由に遊ばせます。しばらくすると，子どもたちは，たこ糸の長さを短くしたり，友達と結び合わせてすごく長い振り子を作ったり，おもりを2個つなげてみたりと，様々な方法を発想し，遊び始めます。その中で「振り子が1往復する時間に違いがあるのではないか？」「おもりの材質によって速さが変わるのではないか？」等，教科書にも記載がある学習問題に辿り着くことができました。

　「結局，教科書に書いてある通りのことをするのではないか」と思われるかもしれませんが，一方的に与えられた課題と，自分たちで考えた課題とでは，やっていることが同じでも，自分事として捉えているため，関心や取り組む姿勢が全く違ってきます。子どもが主体的に活動に取り組めるよう，教師が教材研究を綿密に行い，演示方法を工夫していくことが，とても大切です。

◥ POINT ◢
- 導入の工夫をして子どもがワクワクする授業展開を心がけよう！

（石澤　智）

Reflection

目指したい子どもをひきつける導入とは

　子どもの興味・関心をひきつけるだけであれば，流行りのキャラクターを登場させたりトーク力の面白さでひきつけたりすることもできることでしょう。しかし，それは一時の興味・関心であり，本当に子どもをひきつける導入というのでしょうか。本時の目標に対して，子どもたちが「やってみたい」「もっと知りたい」と思う導入こそ，子どもをひきつける導入だと考えます。そのために，子どもたちの思考をくすぐるような導入を，本時の目標やメインとなる学習活動から逆算して考えることが重要です。

　また，子どもたちの身近な話題にするという意味では，

・算数の「平均」の学習で，２組に勝つためには，山田さんのチームはシュートを何本入れればよいでしょうか？（実際にやってみる）

・算数の確率の学習で，移動教室の組み合わせ。ホワイトボード機能を使って，子どもの顔写真を使って何通りの組み合わせができるか考える。

など，自分たちが問題に関わるだけで意欲が全然違うので，そこは工夫を凝らす価値はあります。ただし，どんな実践を行うにしても，楽しいだけでなく，その実践を行うことでどんな教育的効果があるか常に考えていくことが重要です。

（竹下志穂・石澤　智）

> **土居先生のココがポイント！**　単元末にどのような子どもたちの姿になっていてほしいかを念頭におき，そこから逆算して導入をすることが重要です。打ち上げ花火的に面白おかしく導入してもその後が続かなければ子どもたちの意欲は低下していきます。それならば，導入は普通でも尻上がりに面白さに気付いていく，というような単元のほうが経験上いい学習になります。導入を，それ単体として「点」で捉えるのではなく，単元全体につながる「面」として捉えていくことが重要ですね。

発言する子が限られてしまう

発言する子が限られる要因はいったいなんでしょうか。

・全体の前で発表することが恥ずかしい

・自分の意見に自信がない，意見が持てない

・学習することが自分事になっていない

・教室が安心して学ぶことができる空気感になっていない　など

とにかく授業を流すことに精一杯になってしまい，手を挙げてくれる子どもを指名して進めていく授業スタイルを続けていると，気付いたら発言する子どもが限られるようになってしまいました。

昨今，「個別最適」という言葉も注目されています。手を挙げて発言するだけが「主体的」とは言えないことは分かりつつ，発言する子が限られてしまうという状況をどうにかしたいと思っています。

どのような切り口で手立てを打っていけばよいでしょうか。

挙手の練習をし，習慣化する

挙手（発言）することは大切なことなのか

　教師にとって挙手（発言）をする子どもが限られていることに問題意識がある一方，子どもたちにとってはどうでしょうか。挙手しなくても着実にノートを取り，理解している子もいます。そんな子にとって，挙手や発言をしないことに問題意識はあるのでしょうか。私がこの課題にぶつかったとき，特に高学年においては，発言する重要性を感じていない子どもがいることに気付かされました。まずは，自分の意見を伝えること，言葉にして表現すること，やりとりを通して授業をつくり上げていくことの重要性，楽しさを感じさせることが大切です。また，発言をしない子に対して「失敗を恐れずに勇気を出して」と伝えるのは根性論にすぎず，挙手できない原因を考えることも大切だと思います。学年によって原因は異なると思いますが，自分の意見に自信が持てず不安なこと以外に，「挙手をすることに慣れていない」「発言してもしなくても変わらない学級環境」があると考えられます。

「手を挙げる練習」から始める

　教師が思っている以上に，挙手をすることに抵抗がある子が多くいます。よく発言する子どもは，自分の意見をすぐ持てるだけでなく，手を挙げることに慣れているのです。より多くの子どもが挙手することに慣れるために，手を挙げる練習をすることが効果的です。

●好き好きバロメーター

　教師がお題を言い，その好き度合いを手の挙げ方で表現するやりとりです。例えば，「犬が好きな人？」と聞いてとても好きな人は耳横にピンと伸ばし，普通の人は肘を曲げ，苦手な人は手のひらを机の上に置く等，様々なお題に変えてテンポよく質問をして挙手をさせていきます。自分の意見を決めるのに時間がかかる子どもには，迷ったときには耳の横でピンと挙手することを伝えます。お題は好きなものに限らず，できることややりたいこと等，自

由自在に変えることもできます。テンポよく行うことと，途中に「手を挙げることでみんなのことがよく分かって嬉しいな」等，挙手の価値づけがあるとさらに有効です。

●全員ドンでグーチョキパー

「分かった人はパー」「分かったけど当てられるのは不安な人はチョキ」「考え中の人はグー」と，どの立場でも挙手せざるを得ない発問と状況をつくります。授業中の雰囲気がどんよりしているときや，全員に挙手させたいときに有効です。

挙手が当たり前な学級の雰囲気づくり

分かる人や意見のある人に発言を求めがちですが，その発問の仕方を変えてみましょう。

「これから〇〇について意見を聞きます。発言するのが不安な人はいますか？」，（手が挙がらなければ）「では，全員手が挙がりますね」と最初の発問をします。

初めはそれでも全員手が挙がりません。その際には挙手しない理由を聞いたり，ペアで話したりする時間を設け，全員が挙手するまで続けます。授業の合間に繰り返し取り入れることで，全員が挙手することが当たり前の雰囲気がつくられ，さらに，自分の意見を伝えること，みんなで授業をつくり上げる大切さを価値づけることで習慣化することができます。

> **॥ POINT ॥**
> ● 楽しみながら手を挙げる練習をする。
> ● 全員が挙手をすることを当たり前にする。

（竹下志穂）

CASE 2 発言せざるを得ない場をつくる

全員が自分事に

　教師が手を挙げる子どもを指名し，その子が答える。そんなやりとりで進められるのが一斉授業のスタンダードになっています。

　しかし，ここには落とし穴があります。手を挙げる子どもは，「自分の意見に自信を持っている」，または「自分が意見を言うことが好き」というようなことが考えられるでしょう。そういった特定の子たちが手を挙げ，指名されることを繰り返すと，なかなか手を挙げられない子はどうなるでしょうか。いつの間にか他人事の授業になってしまう可能性が出てきます。「いつもあの子が意見をいってくれる」「どうせ自分の意見はあまり参考にならない」といった授業に対する消極的な姿勢の子どもが現れてもおかしくないでしょう。

　発言する子どもが偏らないようにするためには，全員が自分事として授業に参加できるようにしていくことが大切です。そのための手立てを紹介していきます。

授業の中で全員の考えを表出する機会をつくる

　タブレット端末の活用は全員の意見を可視化できるため，全員を巻き込みながら授業を展開していくのに有効です。自治体によって，端末が異なると思いますが，ロイロノートであれば提出箱，Google であれば Classroom やフォームを活用して，子どもたちの意見を集約し全体の場で可視化できます。

　教師が意図的に子どもの意見を選んで全体化したり，子ども自身が友達の意見を選んで紹介したりすることができるので，発言力のある子どもだけではなく，いつもスポットが当たらない子どもの意見にも目を向けられるようになります。

こまめにペア対話を取り入れる

　一斉授業では，一部の子とのやりとりばかりにならないように気を付けなければいけません。そうでなければ，他方の子どもはついていけない，取り残されてしまうといったことも起こり得るでしょう。

　しかし，授業でペアと話す機会をこまめに入れることで，友達と授業内容を確認したり，意見交換したりする動きのある活動をつくることができるのです。例えば，算数で「式は0.7÷6だけど，この式になったわけは？　隣の人と話してごらん？」というように投げかけ，ペアで話し合うようにします。いきなり全体とのやりとりにすると，発言する子が限られてしまうこともあるので，ペアでの話し合いにすることで意見を言うことのハードルが低くなります。

　「前の授業はどんな学習をした？」「○○さんはこう言っていたけど，みんなはどう思う？」「振り返りはなんて書いた？」といった様々な場面に対しても，ペアでの話し合いを取り入れることができます。授業における主な展開だけではなくてもペアを軸にして話し合いをしていくのです。少しでも自分の考えを伝えるような機会があることで思考が働き，子どもの参加度を上げることにもつながります。

◥ POINT ◤
- ICT機器を活用して子ども全員の意見を可視化する。
- ペア対話を軸にして参加度を上げる。

（太田修平）

Reflection

〈CASE 1：竹下実践について　発言すること以前に大切なこと〉

　竹下実践は，根性論に走ることなく手を挙げることの価値を子どもたちと確認しています。私は，子どもたちが自分事になるための手立てを中心に書きましたが，子どもたちが発言することの価値も感じられるようにしていくことで，自分の実践もより効果的になると感じました。

　また，手を挙げる「練習をする」ことで，子どもたちは「自分は手を挙げられる」という自信にもつながります。こういった過程も大切にしていきたいと思います。(太田)

〈CASE 2：太田実践について　自分事として捉えるために〉

　「挙手・発言したい」と子どもたちに思わせるためには，子どもが学習内容を自分事として捉えることが大切です。そのために，まずは自分の意見を持ち，表出する機会を設けることが有効です。発言することに抵抗がある子でも，学習者用端末を使い，自分の意見を表出することで他の誰かではなく，自分が意見を持つことが重要だと感じることができます。また，ペア等で伝え合うことで必然性が生まれ，相手に伝えるという目的のもと自分事として捉え，考えることができるのだと感じました。挙手や発言をさせる方法を考えるのではなく，自分事として捉え発言したいと思える，教師の発問も大切だと考えます。(竹下)

（太田修平・竹下志穂）

土居先生のココがポイント！　そもそも何のために発言させるのかを考えることと，具体的にどのようにしたらよいかを考えることの両面からアプローチすることが大切です。発言を求めることは，学習内容の理解度を高めること，一人一人の主体性や積極性を高めることなどが考えられるでしょう。その「本質的な理由」から，具体的な手法につなげていくと，手を挙げさせるためだけの手法は自ずと排除されていくでしょう。

話し合いの指導の仕方が分からない

　対話的な学び，協働的な学びという言葉が聞かれるようになり，授業中に話し合いを行う場面が一層増えてきています。

　しかし，実際に話し合いをしようとスタートすると，次のような姿が見られます。

・考えを持つことができず，発言ができない。

・考えを持っているのに，発言をしない。

・一部の子の発言で話し合いが進む。

・考えを発言しても，つながりがなく深まらない。

　発言する子が偏り，その子に頼ってしまった結果，他の子たちは，「いつも同じ子が発言をして授業が進んでいくから，発言しなくてもいいや」と，思ってしまっているようです。

　こうした状況を改善していく方法はないのでしょうか。

　身体づくりと目的化で発表する体勢に

話すための「身体づくり」

　話し合いを成立させるためには，まず，人前で話せなくてはいけません。言うまでもなく，学級には人前で話すことを「楽しい」と感じる子も，「苦手だな」と思う子もいます。人前で話すことが苦にならない子にとっては，絶好の活躍の場です。しかし，苦手な子にとっては，「先生，お願い。当てないで」と思う子もいるでしょう。目立ちたくないだけでなく，話し合うことに意味を見出せていない状態です。

　この子たちが人前で話すようになるには，教師に根気が必要です。まずは，簡単な誰でも答えられる発問をし，列指名などで，全員が発表をする経験をつくりましょう。授業に限らず，朝の会などの時間に，「最近，楽しかったこと」や「はまっていること」のようなフランクな質問をするとよいです。学級の雰囲気もよくなります。

　学級の雰囲気が明るいことも重要で，「何でも言える」雰囲気をつくることが，人前で話すことのハードルを下げてくれます。

　列指名の他にも，班活動の後であれば，班を指名し，全員に発表させる方法もあります。とにかく，人前で話すことが難なくできる身体を，話す機会を設けることでつくっていきましょう。

　また，頑張って発表ができたなら，教師がその頑張っている姿を認め，大いに褒めましょう。「しっかりと発表できたね」「今の声，後ろの子にも届いてるよ」「そんなこと考えていたんだね。すごいなぁ」。こうした，たくさんの共感的な言葉を教師自身が持ち，積極的に伝えていくことで，「発表してよかった」と児童が思えるようにしていきたいですね。

話し合いに目的を

　話す機会を設けることと同じく大事なことは，教師自身が，話し合いの目的を理解し，子どもたちと共有することです。

　授業中に，発表する子はたくさんいても，何となく深まりがないと感じた

ことはないでしょうか。考えたことや，調べたことを発表した際に，それぞれにつながりが生まれないことが原因です。話し合いに深まりを持たせるためにも，話し合いの前に，しっかりと目的を確認しておくことが重要です。

　例えば，社会科で調べ学習をし，全体で発表をする場面。ただ調べたことを発言するだけなら，知識と知識のつながりは起きません。しかし，その授業には，めあてや学習問題があるはずです。そこに立ち返り，めあてを達成したり，学習問題を解決したりするための話し合いであることを必ず押さえておきましょう。これによって，自分の発表が，「目的を達成するためにある」という自覚を促すことができます。そして，この自覚が，「他の人の発表も聞きたい」という想いをつくるのです。

　ここでの教師の役割は，ファシリテーターと言われます。話し合いが目的に向かっているかの調整役です。出された考えに対して，「つまり？」や「それってどういうこと？」などの，発表者自身が再考しなくてはいけない問い返しを行うとよいでしょう。この際，「他のみんなも考えてみてね」と考えることを促すのです。すると，学級全体が，一つの考えに対して，理解を深めようとしたり，新しい自分の考えを持とうとしたりします。こうしたやりとりを繰り返すことは，子ども自身が，根拠を持った自分なりの考えを持つことにもつながります。

　話し合いの指導には，よく話型が用いられます。相槌などの反応の仕方や，自分の立場を挙手の際に述べさせることもその一つ。発表の出だしや，語尾が掲示されている教室もありますね。しかし，その話型も，目的を達成しようとするための手段であり，目的そのものではないのです。ここを見誤ると，形骸化につながるので注意しましょう。

⟍ POINT ⟍
- 発表する身体を，発表することでつくる。
- 話し合いに目的を持たせる。

（津留﨑勇希）

CASE 2 スモールステップで進める

子どもたちが安心できる環境づくりから──「聴く」ことの奨励

　「話し合い」が成立する土台は，何よりも安心感です。自分の話を聴いてくれる，受け入れてくれるという安心感があることで，子どもたちは進んで話すことができます。よって「話し合い活動」の指導の出発点は「聴く」ことの奨励です。学級開きや授業開きなど，教師のねがい（教育観や学習観）を語る場面で，例えば次のように伝えるとよいです。

　「私は，相手の話を最後まで聴くことを大事にしたいと考えています。なぜなら，よく聴くことは相手を大切にすることにつながり，みんなが安心して学ぶことができるからです。みんなが安心していると，素晴らしいアイデアや考えをたくさん出すことができ，みんなの学びのレベルがぐんぐん上がって，みんなで成長していけるんです」「『聞』には耳しかありませんが，『聴』には耳も目も心もあります。耳だけでなく，相手の目を見て，相手の思いや考えを分かろうと心で聴くことも大事にしてほしいです」。

　そして，教師が率先して子どもたちの話を丁寧に聴くと，教室に安心感が広がります。また，子どもたちのよい行動を見逃さず「みんな私の目を見て話を聴いてくれますね。嬉しいです。ありがとう」「Ａさんは友達の話を聴きながらうなずいたり，『おお！』『そうなんだ！』など相槌を打ったりしていましたね。よく聴こうとしているのが伝わってきます」など，事実の価値づけをします。すると，子どもたちも丁寧に聴けるようになり，「話し合い活動」の土台がつくられていきます。

「簡単なペア活動・ペアトーク」，「ペアトーク」⇔「全体」の往還

　上記のような安心できる環境づくりと並行して，授業で簡単なペア活動を取り入れます。例えば算数なら「今日の問題を隣の席の友達と１回ずつ読みましょう。友達が読み終わったら『よかったよ』『ありがとう』などひと言褒めてください」などです。どちらが先に読むかじゃんけんで決めさせてもよいでしょう。誰もができそうな簡単なペア活動を一つ授業に取り入れ，友

達と一緒に学ぶことに慣れさせることで「話し合い活動」の素地を養います。

　そして，簡単なペア活動と共に行うのがペアトークです。朝の会で「昨日の夜ご飯何食べた？」「寿司と焼肉ならどっちが好き？」など，子どもが喜びそうなテーマでおしゃべりの経験を積ませてもよいですし，例えば算数なら「今日の問題は何算を使いそう？」，国語なら「がまくんとかえるくん，どっちのほうが好き？」といった，話しやすそうなテーマを提示してもよいです。全員が安心して参加できるのがポイントです。様子をよく観察し，うまく話し合いをしている子を全体に紹介します。「Bさんは自分の意見の理由も言いました。理由はみんなの学習の理解を深めます」「CさんはBさんの話を聴いて，自分の考えと一緒だよと言いました。似ているところや違うところを探すことで，学びが広がります」など，よいモデルを子どもたちの姿を通して共有します。そして，ペアトークと同じテーマを全体にも投げかけます。ペアで一度話しているので，発言しやすくなっていることから，多くの子が挙手をし，全体での話し合いが活発になる可能性が高まります。全体では「Dさんが言ったことをもう一度言える人？」「これからEさんが言うこと予想できる人？」「Fさんの意見がいいと思って。Fさんお話できる？」「Gさんの意見の意味，分かりますか？」など，子どもたちに問い返すとよいです。すると，単なる発表会にならず，友達の意見を聴こうとする意欲も引き出せます。ペア⇔全体の往還で話し合い活動を活発化させることができたら，テーマを高度にしたり，グループトークに移行したりして，話し合い活動のレベルを段階的に上げていくのが望ましいでしょう。

❱ POINT ❰

- 「聴く」ことを奨励し，まずは安心して話し合いができる環境づくりを。
- 簡単なペア活動・ペアトークの経験を積ませ，段階的にレベルを上げる。

（高橋正明）

Reflection

〈CASE 1：津留﨑実践について　話し合いを促進する「問い」（学習問題）〉

　津留﨑実践では，スモールステップの要領で子どもたちに話す経験を積ませながら，話し合いの目的を明確にし，学習における「問い」を追究することを子どもたちに奨励しています。話し合いの指導といっても，単にその方法を教えるのでは効果は薄いということでしょう。よりよい「話し合い」の仕方を指導するためには，子どもたちが「話し合いたい」と思えるような「問い」（学習問題）の設定が重要であることが示唆されています。(高橋)

〈CASE 2：高橋実践について　安心感をベースに〉

　高橋実践のポイントは，自信を持って発表をするために，「発表してもいいんだ」という安心感を教室につくることです。どのような発表をするのかという話し方の技術の前に，聴いてもらえるという安心感がベースにないと，子どもたちは発表をしようと思えません。この雰囲気をつくるには，教師からの働きかけはもちろん，聞き手の態度も重要になります。良い話し手は，良い聞き手が育てるのです。話し方指導と聞き方指導は切っても切り離せないと感じます。(津留﨑)

（高橋正明・津留﨑勇希）

土居先生のココがポイント！　私たち教師は，とにかく子どもたちに話し合いをさせようとします。「話し合いましょう」と指示するものの，子どもたちは話し合いたいと思っているでしょうか。そして，そもそも話し合いをする意義は感じているでしょうか。話し合いを通じて，自分の考えが深まった，広がったという経験を積ませていくことこそ，子どもたちが「話し合いたい」と思えるようになるために重要です。簡単な話題でいいので，話し合う前には全く見えなかった考えに行き着いた，という経験を意図的にさせていきましょう。

授業で子ども同士を
どうつないだらいい？

コロナ禍を経て，学校に登校し授業を受けることや，友達と顔を合わせて話をすることなど，直接的に関わる日常が戻ってきました。画面越しでしか話すことができない状況を経験したことで，話すことの面白さや大切さを実感しているようです。

子どもたち同士や，子どもと教師のつながりの必要性を実感したからこそ，それが授業内でもできたらいいなと思います。授業を通してつながりを持つことができれば，「友達と議論すること」「活発的なペアでの話し合い」「班活動を通した内容や考えの深まり」も可能になります。

単純に，楽しく過ごすだけではつながったとは言えないと思います。教師がどのように考え，子どもたちをどうつなげていくか，方法が知りたいです。

ウォーク＆トークでつながる喜びを

何のために子ども同士をつなぐのか

「対話的」や「協働的な学び」などの言葉が飛び交う昨今，子ども同士がつながって学習することがよいとされています。しかし，それはなぜなのか。何のために子ども同士をつなぐのか。様々な教育実践を構想するうえで，なぜ・何のためにという問いは，子どもたちの意欲を引き出すためにも重要です。私自身は，①子どもたちの幸福感をつくるため　②学びの質を上げるための2点と考えています。心理学・医学の研究で，他者との良好な関係が人の幸福感に大きく影響することが明らかになっています。また，他者との対話を通した学びで知見が広がり，考えに深まりが生まれることは，私たちの実感からも正しいのではないでしょうか。実践を重ねる中で，子どもたちも他者とつながる喜びを感じれば，さらに学習意欲を伸ばすこともできると思います。

ウォーク＆トーク─感謝を基盤とした協働的な学び

他者とつながるためには安心感が必要です。話を聴いてくれる，受け入れてくれるという安心感を広げるために「聴く」ことを奨励し，教師自ら率先して実践しながら，ペア活動を重ねて友達と一緒に学ぶことに慣れさせます（詳細は「話し合いの指導の仕方」（p.23）参照）。これらの実践と併せて行うのに有効なのが「ウォーク＆トーク」です。その名の通り，自由に教室内を歩きつつ，友達と対話する学習です。小5の算数授業を題材に，具体例を示します。

問題「1m80円のリボンを2.3m買ったとき，代金はいくらになるか」
めあて「整数×小数の計算の仕方を説明しよう」

前時では，式が「80×2.3」になる根拠を押さえました。本時の目標は計算の仕方を理解し，友達に説明することです。教師は子どもたちに目標を確

認させ，クラスの全員が目標を達成できるように努力することを奨励します。「自分だけでなく，友達も全員目標を達成できるように助け合いましょう。分からない人は助けを求めていいからね。分かった人は親切に声をかけられるとよいです」と伝え，学習の条件を提示します。

「制限時間は30分。問題を解き，どのような計算をして答えを出したのかを3人以上の友達に説明してください。3人のうち1人は同じグループの友達，残り2人は違うグループの友達にします。3人の中で最低1人は異性の友達にしましょう。いろいろな友達と対話することで，学びに広がりと深まりが生まれるからです。友達に説明して理解してもらえたら，その証としてノートにサインをもらってください。すべて完了したら黒板に自分の名前を書いてね」。

制限時間は集中力を引き出し，全員が目標達成する可能性を高めます。また，対話の相手を絞るのは，普段は一緒にいない友達と学習を通してつながることを意図しています。例えば，算数が得意なＡさんはＢさんとはいつも一緒に遊びませんが，算数の授業ではつながる可能性が高まります。全員が学習目標を達成することを奨励しているので，Ａさんが「大丈夫？　手伝うことある？」と声をかけたり，Ｂさんが「助けて，教えて」と声を発したりします。教師は授業の終末で，進んで親切に声をかけたり，助けを求めたりした姿を全体に紹介して語ります。最後に「全員達成のために自分が努力したこと」を書かせます。感謝したり感謝されたりすること，みんなでできたという達成感が，他者とつながる喜びを生むのです。

> ↘ POINT ↙
> ・子ども同士をつなぐ目的を再確認する。
> ・「ウォーク＆トーク」で子どもたちがいろいろな友達とつながるようにする。

（高橋正明）

子ども同士がつながる目的は？

　子ども同士がつながるとはどういうことでしょうか。それは他者を尊重することです。他者を尊重するためには，相手の良し悪しを知ることです。相手を知り，批判的な発言でも受け止め，議論できる人間関係が理想的な姿であります。ただ，このような姿は子どもたちに任せていては辿り着くことはありません。理想像に近づくには，教師側の仕掛けが必要です。今回は，他者尊重を深めていくために，第一歩としてペア対話を中心に取り組み，その方法や考え方をご紹介します。

トークキング

　自学級で実践しているのがトークキングです。これは，ペア対話のことです。

　この活動の目的は二つあります。一つ目は子どもたち同士がつながるきっかけづくりです。特に4月や5月の「出会いの時期」には，学級づくりの観点からも有効でしょう。

　二つ目は，話す力を身に付けることです。ここでいう話す力とは，ダラダラ話すことではありません。「結論」＋「理由」で話すという考え方です（詳しくは本書「ダラダラと話す子への指導」（p.77）をご参照ください）。

　この二つの目的を持ちながら，授業の中で子どもたち同士をつなげていきます。手順は以下の通りです。

　①誰とトークキングをしたかチェックできる紙（画用紙でも可）を配る。

　②今日のお題を確かめ，教師の説明を聞く。

　③対話の型を示す（当初は示すと取り組みやすい）。

　④横のペア，斜めのペアとトークタイムをとる。

　⑤その後，フリーで10分間ペアトークの時間をとる。

　①〜⑤の手順で，4月・5月は毎日行い，終わるときには，今日は何人とできたか確かめます。このようにして，毎日取り組むことで，子どもたち同

士がつながる場をつくることができます。

メモ力と質問力を上げる

　トーキングは，最初は量を求めます。それは人数の変化が分かりやすいからです。子どもたちは，数が増えることで達成感を得ることができます。次第に，「全員とできた」「今日は昨日より多かった」と満足げな様子がうかがえます。子どもたちが自然と「今日は何人だった？」とお互いの数を聴き合う姿も生まれてきます。しかし，活動を続けていれば，子どもたちにも飽きがきます。そんなときに，教師として「仕掛け」が必要になります。それが，「量から質へ」の転換です。

　仕掛けの一つ目は，メモをすることです。これは学習指導要領の国語の「話すこと・聞くこと」（低学年）にも記載がある内容であり，指導事項もなぞることになります。

　二つ目は質問をすることです。質問をする目的は相手の考えを引き出すためであり，相手のことを知ることにもつながります。

　この２点を意識すると，話せた人数は減ってしまうので，子どもたちは少しがっかりしますが，大切なことは人数ではないと話をすれば，「話す力を付けること」「友達のことを知ること」「メモができるようになること」といった力が大切であるということを子ども自身が発見していきます。

　このように，子どもたちの価値の変化をもたらすときは，教師が価値づけをすることが必要です。もし，子どもたちから出てきた言葉が的を射ているものなら，その場で「深く考えていたね」「しっかり考えたね」と価値を見出したことを称賛することが必要です。

↘ POINT ↗
- クラスづくりと授業の二つで育てる。
- 量から質へ転換し，難易度を上げる。

（大橋健太郎）

Reflection

〈CASE 1：高橋実践について　意図ある仕掛けがつながりを強くする〉

　授業でつながりをつくるということは，仲良しの子とペア対話をし，問題解決を行うことではありません。相手の強みを知り，最適解を得るために「最適な選択」をすることが学びを深めることです。

　高橋実践は，このような状態をつくるために丁寧な指導をしています。3人に説明するという条件の中，必ず2人は違うグループの子，3人のうち1人は必ず異性といったように，意図的な仕掛けをしています。これを繰り返すことで，相手の良さを知り，同時に自分の強みに気付くことにもなるでしょう。（大橋）

〈CASE 2：大橋実践について　話し合う量と質を担保し，子ども同士をつなげる〉

　大橋実践では，独自の「トークキング」の実践で，徹底的にペアで話し合う時間量を確保し，子ども同士のつながりが強固になるように工夫していました。実践の効果を得るためには，ある程度の時間が必要であることを表していると思います。量から質への転換は，子ども同士のつながりを活かして授業における学習を豊かにするものでした。単なるペア活動やグループ活動ではなく，教師のねらいを明確にすることの大切さが示唆されています。（高橋）

（大橋健太郎・高橋正明）

土居先生のココがポイント！

あそびやアクティビティを通して子ども同士をつなげ，学級をつくろうとする手法をよく目にします。もちろん，子ども同士をつなげることは重要ですが，それは普段の授業でできないことでしょうか。私は，教師の意識一つでいくらでも授業中に子ども同士をつなげることはできると考えます。単に学習内容のことだけを考えるのではなく，授業のここの場面で子ども同士をつなげようなどと「ウラのねらい」を持つことで，授業は大きく変わっていきます。

ペアやグループでの話し合いが深まらない

　平成29年に告示された小学校学習指導要領では「主体的・対話的で深い学び」が前面に押し出されました。この言葉は大きく「主体的」と「対話的」と「深い学び」に分けられます。そのため，授業の中で具現化しやすい「対話的」という部分に着目し，ペアやグループでの話し合い活動という形で，実践してきました。

　そのため，授業展開の一部が話し合い活動となっている実践が多いのですが，ペアやグループで話し合うことはできても，子どもの話し合いに耳を傾けると，実は話し合いが深まっていないのでは……と思うことがあります。どうすれば，話し合いは深まっていくのでしょうか。

目的理解×マンネリ化を防ぐ多様な活動

話し合いが深まらない理由は？

　話し合い活動をすると，子どもに動きが生まれます。子どもに動きが生まれると授業が活発になります。それは一見，子どもが主体的に学んでいる姿に映ることがあります。

　私も初任者のとき，ペアやグループでの話し合い活動をたくさんしていました。それを見て「子どもたちが，一生懸命学んでいるな」と満足していたのです。しかし，子どもたちの話し合いをよく聞いてみると，あることに気が付きました。話し合っている内容が「浅い」のです。

　話し合いが浅いというのは，一人の子が一方的に話していたり，「よく分からないよ」といって考えようとしなかったりすることです。これでは，話し合い活動をさせる意味がありません。話し合いを「深める」ことが，子どもの学びにとって重要です。

　ただ単に，「ペアの人と話し合ってみましょう」と指示を出しても浅い話し合いしかできないでしょう。話し合いが深まらない理由は，主に二つです。

---

①なぜ，話し合いをするのか子どもが理解していない。
②話し合いをする前に，自分の考えが決まっていない。

　話し合いを深めるためには，子どもが「話し合いすることの目的」を理解する必要があります。私は話し合いすることの目的を「自分とは違う考えに触れる」と「互いの考えを組み合わせて，よりよい考えを生み出す」ためだと伝えています。このように目的を理解させることで，自分の考えを言って終わりということがなくなるのです。

　また，話し合い活動に入る前に「自分の考えを決めておく」ことが大切です。自分の考えを持てないうちに話し合いをすると，思いつきで話したり，友達の意見に流されたりしてしまいます。ですから，話し合いの前には，必ず自分の考えを決める時間を設定する必要があるのです。

話し合いを深める授業のための工夫

　話し合い活動で教師が気を付けるべきは，活動のマンネリ化です。同じ形式で何度も何度も話し合いをしていると，子どもたちは飽きてしまいます。そのような中では話し合いは深まりません。マンネリ化を防ぐために，教師が話し合いのバリエーションをいくつも持っておくことが大切です。

①「あっさり」と「じっくり」

　話し合いは，「あっさり」と短く話し合うほうが有効なときもあれば，「じっくり」と時間をとったほうがよいときもあります。

　国語の授業で考えてみましょう。物語文の授業で，登場人物の確認をさせたいときは「あっさり」を使います。まず教師が「登場人物が何人いるか，一人で考えてみてください」と指示を出します。そのあとに「今から2分間で，ペアの人と考えを交流しましょう」と伝えて，話し合い活動を始めます。互いの考えが収束するものは「あっさり」のほうがよいのです。

　一方で，自分が心打たれた場面を紹介したいときは「じっくり」です。一人で考える時間をしっかりとった後に「今から15分間話し合います。一人ずつ考えを伝えた後に，質問などをしましょう」と指示を出します。「じっくり」のほうが話し合いが深まりやすいです。

②学級の全員と話し合える機会を

　学級でペアというと，座席の横同士が多いでしょう。しかし，ペアでも「横のペア」「縦のペア」「斜めのペア」とすることで，それぞれ別の友達と話すことができます。グループも「給食班の4人組」「体育班の3人組」「出席番号の4人組」など，多様なグループを活用するといいです。

　すべての子に学級の全員と話し合える機会を保障することが大切です。

⌲ POINT ⌲
- 子どもが話し合いの目的を理解することが大切。
- 多様な話し合いの活動がマンネリ化を防ぐ。

（山本裕貴）

深まる話し合いとは？

　ペアやグループで話し合いましょうといっても，お互いの意見をただ伝え合う発表会のような交流になってしまうことがあります。子どもは，話し合いを深めることができないのではなく，話し合いが深まるということがどのようなことなのかを知らないだけなのです。では，私たち教師が求める「話し合いが深まる姿」とはどのような姿でしょうか。話し合うことを通して「新しい発見をする」「自分の意見に自信を持つ」「自分の意見と相手の意見を合わせた新しい意見を持つ」ことが，話し合いが深まった姿だと考えます。まずは深まる姿を明確にし，子どもたちにも共有することが大切です。

「深まりレベル」を示す

　子どもたちに深まる話し合いについて伝える際に，深まりレベルを示すと効果的です。

> 深まりレベル0：お互いの意見を伝えて終わる。
> 深まりレベル1：相手の意見に対して質問する。
> 深まりレベル2：相手の意見を自分の言葉で説明する。
> 深まりレベル3：相手と自分の意見の同じところや違うところを見つけて話し合う。
> 深まりレベル4：相手の意見を用いて自分の意見を伝えたり新しい考えを生み出したりする。

　ペアやグループでの話し合いの後には，深まりレベルを問い，どんなことを意識したのか振り返ることも有効です。一人で考えていたことが，話し合ったことでより自信を持った考えになったり，新しい考えに変化したりする姿を言葉にして価値づけることで，話し合う意味を見出し，より活発な話し合いになります。

　また，「○○さんが～と思ったのを聞いて，私は——と思ったんだけど，

どう思う？」等，話し合いを深めるきっかけとなる言葉を具体的に価値づけ，学級に掲示することも有効です。

〈話し合いを深める言葉（例）〉

　　・～さんの意見に付け足しで――と思った。

　　・どうしてそう思ったの？

　　・――と言っていたけれど～ということ？

「深まり」を視覚化する

　深まりレベルを感覚的なものではなく，視覚化することも有効です。例えば，自分の意見を書いたワークシート（ノート）に，話し合いをして，今まで考えていた自分の意見と同じ人を見つけた場合は青，新しい発見や新しい考えが生まれた場合には赤で記入したり，話し合いの前と後でどのような変化があったか気持ちのバロメーターを数値やグラフで示したりすることもできます。意見が二極化する話し合いでは，赤白帽子を使い，Ａと考えた人は赤，Ｂと考えた人は白でそれぞれの人数を数えて話し合いをスタートし，自由に立ち歩き意見交流をします。途中で意見が変わった人は帽子の色を変えてよいことを伝え，最後に赤白の人数を数えると，変わったり赤白半分半分の色にしている子どもがいたりします。そこで，話し合うことのよさ，友達の意見を聞いて自分の意見を考え直すよさを，教師から価値づけて伝えます。「何となく話し合ってよかった」感覚から，「話し合ったことで○○が～に変わった」「やっぱり○○だと思った」と視覚化することが重要です。視覚化することで，話し合ってよかったと達成感を感じ，次の話し合いへのモチベーションにもつなげることができるのです。

ⵗ POINT ⵗ

　● 深まる話し合いとは何か，レベル分けして子どもたちと考える。

　● 話し合いの深まりを視覚化する。

（竹下志穂）

Reflection

〈CASE 1：山本実践について　話し合いをすることの意義〉

　「話し合いをすることは大切だ」といくら伝えても，子どもの実感が伴わなければやらされているだけの活動になり，意見交流のみで終わってしまいます。子どもに話し合いをするよさを実感させるとともに，より有意義な話し合いができるよう工夫する手立てが山本実践には記されています。

　話し合う目的を明確にすること，目的に応じて話し合うペアやグループ編成を工夫したり，どのような話し合いがよいのか子どもと一緒に考え振り返ったりすることで，単なる話し合いから「深まる話し合い」へとレベルを上げることができるのではないでしょうか。(竹下)

〈CASE 2：竹下実践について　「深まり」の尺度化〉

　話し合い活動の場面で「話し合いが深まっていなかった」という意見をよく耳にします。しかし，どんな状態が「深まった」なのか，教師も子どもも分かっていないことがあります。それを解決するのが竹下実践です。

　深まりレベルを0～4の5段階で示すことで，目標とする姿が明確になります。また，鉛筆の色を変えたり，赤白帽子を使ったりすることで，深まりを可視化するのがすばらしいです。(山本)

（竹下志穂・山本裕貴）

> **土居先生のココがポイント！**　ペアでの話し合いができなければ，グループやクラス全体での話し合いも厳しくなります。よって，ペアでの話し合いをベースに子どもたちを育てていくことが重要となります。これは，低学年だけでなく，中学年・高学年も同様だと私は思います。ペアで「話を続ける」ことから始めて丁寧に指導していく必要があります。また，話し合いは音声言語で行われ，すぐに消えていってしまいます。話し合いをした後，すぐに振り返らせていくことを意識して指導するとよいでしょう。

学級全体の話し合いを深めるには？

　子どもたちの「主体的な学び」「対話的な学び」を実現させるために
は，教師が一方的に教えるのではなく，子どもたちが考えを持ったり，
その考えを話し合ったりする中で気付きを得る授業が大切ですが，いざ
子どもたちに話し合わせようとしても，なかなかうまくいかないことも
多いです。

　低学年の場合は，子どもたちの「言いたい！」という気持ちが強く，
自分の意見を言いっぱなしで友達の考えを聞くことができないことがあ
ります。反対に，中学年や高学年では発言する子が限られてしまうこと
があり，一部だけでの話し合いになってしまうこともあります。

　一見子どもたちが話し合っているように見えても，それぞれが自分の
考えを発表しているだけで，考えがつながっていない……という課題も
あります。どうしたら深い話し合いができるのでしょうか。

「ズレ」が生まれる発問を精選する

話し合いが深まっている状況とは

　授業中の発言がつながらず発表だけになってしまったり，特定の子ばかりが発言したりする状況は，話し合いが深まっているとは言えません。では，どのような状況であれば話し合いが深まっていると言えるでしょうか。

　田村（2018）では，深い学びを「知識・技能が相互に関連付けられ…（中略）…概念的な知識となって自由自在に使いこなせるように"駆動"する状態」と述べています。最初はバラバラだった知識や技能が学びのプロセスの中で結びつき，概念として形成されることが「深い学び」なのです。

　この定義に照らし合わせてみると，話し合いが深まっている状況とは，「話し合いで様々な考えを聞くことを通して，自分の考えが更新されている状況」と言えるのではないでしょうか。

　子どもたちの考えが更新されたかどうか見取るためには，ノートなどに考えを書く時間をとる必要があります。また，話し合いをする前と後とで考えが変わったのか，変わったのであれば誰のどのような意見によって変わったのかも振り返らせると，より話し合いをしたことへの意味づけができるようになるでしょう。

「私たちだったら？」を考えてみる

　「話し合いを深めるために」を考える前に，まずは私たち大人が話し合いをしている場面を考えてみましょう。

　私は映画を見ることが好きなのですが，職場にも映画好きの教員が何人かおり，映画を見たときには感想を LINE で送ったり学校で話したりしています。特に話が盛り上がるのは，内容の解釈が分かれるときです。同じ描写であっても受け取り方が違うことがあるため，自分の考えを伝えたり，その考えに対する意見をもらったりしながら新たな気付きを得ることができ，非常にワクワクする瞬間です。

映画について話し合う場面を例に出しましたが，それ以外にも，研究授業の協議会や指導案の検討，学校行事についての打ち合わせ，……など，話し合いは学校現場の様々な場面で行われているのではないでしょうか。そして，その中で話し合いが深まる（＝考えが更新される）ときは，自分の考えと相手の考えが「ズレ」ているときだと推測します。意見が割れるときや，お互いの考えをすり合わせるとき，そこには相手を理解しようとする態度が生まれ，また，相手を説得しようとする思考が働きます。

　このような状況を教室でもつくるためには，やはり"発問"を精選する必要があります。算数であれば求め方が分かれるような発問，国語であれば様々な解釈が生まれるような発問，このような発問を教材分析や児童理解を通して考えていくことが求められます。

　そして，その答えや解釈に辿り着いた理由を伝え合う中で話し合いが深まり，授業の「ねらい」に迫っていけると考えます。

参考文献：田村学（2018）『深い学び』東洋館出版社

❭❭ POINT ❬❬
- 授業の始まりと終わりとで，子どもたちの考えが更新されているか確認する。
- 考えの「ズレ」が生まれる"発問"を追究し続ける。

（長田柊香）

聴き合いのできる学級を育てる

「聴き合い」ができる学級を育てる

　石井順治（2023）は，「教師は，自分が担当する学級を『聴き合い』のできる状態にしなければならない。そうでないと学びが深まらないからである」と著書の中で述べています。学びを深めるには，話し合いを深めることが欠かせません。さらに，話し合いを深めるためには，子どもたちが「聴き合い」ができるようになることが求められるでしょう。では，「聴き合い」ができるようにするためには，どうすればよいのでしょうか。

「聴き合い」ができる学級を育てるために

　子どもたちはいきなり聴き合いができる状態にはなりません。聴き合うことができるように子どもたちを育てていく必要があります。そのために大切にしたいポイントが二つあります。

ポイント①　子どもたちの言葉を整える

　聴き合うことができるようになるためには，まずは子どもたち同士の人間関係がつくられていなければいけません。関係がつくられている仲間だからこそ，分からないことを聞いたり，遠慮なく意見を言ったりすることができます。

　こういったやりとりができるようになるために，まずは子どもたちが使う言葉を整えることが考えられます。「クラスでふやしたい言葉」「クラスでへらしたい言葉」など，4月のうちに望ましい言葉遣いを確認します。画用紙に書いたものを掲示することをしてもよいでしょう。低学年だけでなく，高学年もこのように確認すると言葉の意識を持てるようになるでしょう。振り返ることで絶えず相手へ使う言葉を意識して使えるようにしていきたいです。

ポイント② 聴き上手を育てる

聴き上手を育てることは，話し手に安心感を与えることにつながります。基本的なことではありますが，まずは以下のことをできるようにしていきます。

・正対して話を聴く。

・相槌やリアクションをする。

こういったことができれば，話し手が気持ちよく話をすることができるだけでなく，話を引き出すことができます。

しかし，何れもできるようになるためには，「練習すること」が不可欠です。大人もそうですが，練習がなければ実際に使うことは難しいです。正対して話を聴くことをできるようにするために，ペアと向き合っていろいろなテーマで話し合ってみてもよいでしょう。また，相槌やリアクションをできるようにするために，「確かに」「なるほど」などの言葉を教師と繰り返し言ってみることをしてもよいでしょう。

参考文献：石井順治 (2019)『「対話的学び」をつくる —— 聴き合い学び合う授業』ぎょうせい

∿ POINT ∿

- 子どもたちが使う言葉を整える。
- 練習を重ねて聴き上手を育てる。

（太田修平）

Reflection

〈CASE 1：長田実践について　授業のねらいに迫るために〉

　話し合いを深めていくことは容易ではありません。長田実践のように子ども自身が自分の考えの変容を可視化し振り返ることで，成長を実感でき，次もまた話し合いを深めていこうとする姿が見られるのではないでしょうか。

　また，発問の精選は，授業改善をしていくうえで欠かすことができません。しかし，発問の精選も話し合いを深めることも目的ではなく手段であり，その先にある授業のねらいに迫ることを見据えていくことが大切だと改めて感じます。（太田）

〈CASE 2：太田実践について　ベースにあるのは学級づくり〉

　執筆に当たって考えている中で，「考えを尊重する声かけ」や「反応している子どもへの価値づけ」といった学級経営の要素が多くなっていることに気付きました。太田実践でも，まずは「聴き合い」ができることで「話し合い」になると書かれています。話し合いを深めるためには，やはり安心して話せる学級の雰囲気が大切なのだと実感しました。これらは一朝一夕でできることではありません。自分自身の日頃の声かけや，子どもたちへのまなざしをもう一度見直したいと強く感じました。（長田）

（太田修平・長田柊香）

土居先生のココがポイント！

話し合いが深まることの対極にあるのが，子どもたちが各々意見を発表しておしまいの「発表会」です。ということは，話し合いが深まるには，意見と意見とが「絡む」ことが欠かせないのです。それでは，考えが「絡む」にはどうすればいいか。手は二つあります。「○○さんの考えと似ているけれど少し違って……」などと「絡められる」子たちに育てていくことか，教師が発問を工夫して「絡まざるを得ない」手立てを打つことです。

ノート指導って何をすればいいの?

　学校に１人１台学習用端末（タブレット）が導入されてから３年以上が経過しましたが，ノートに自分の考えを表す活動は消えずに，むしろその価値が再確認されて残り続けています。それだけ，ノートが持つ力が教育現場でも実感されているのだと思います。

　「ノートは自由に書いていいよ」と伝えたいところですが，特に低学年の児童に対しては，よほどの手立てを講じない限り，混乱を招くだけになってしまいます。

　しかし，いつまでもある一定の型にはまるようなノート指導をし続けていては，子ども自身が分かりやすいノートをつくっていく力を身に付けることはできないのではとも思います。

　「ノート指導」においては，具体的にどんなことを教えればいいのでしょうか。

ノートの意義に立ち戻って考える

ノートは何のためにあるのか

　ノート指導を考えるに当たり，そもそもノートは何のためにあるのかについて考えてみたいと思います。ノートは，記録と思考の2点のためにあると考えます。

　まず，記録についてです。授業中の話し合いや教師による説明，子ども同士の説明などは，声，つまり「音声言語」で行われます。そのため，それは発せられると同時に消えていきます。そこで，ノートに書いておくことで記録していくことができるのです。板書もこのためにひと役買っており，教師が説明したことや子ども同士で説明し合ったことなどの中から重要なポイントが絞られて板書されます。このように考えていくと，その授業で重要だと思われる発言や説明について記録しておくことが，良いノートの一つの条件といえそうです。

　次に，思考についてです。「良い授業」といっても，教師一人一人によって微妙に定義は違います。しかし，「子どもが深く考えている」ということは，絶対に外せません。授業とは，子どもが思考してこそ成り立つものです。そう考えると，良いノートにはその子の考えがしっかりと書かれていることが欠かせません。教師や友達の説明や考えを書くことも重要ですが，それよりももっと大切なのは，自分の考えを書き，思考することです。

　このように，ノートは記録と思考のためにあるといえます。このことを押さえると，ノート指導ですべきことが自ずと見えてくるでしょう。

記録面の指導

　「黒板を写しなさい」と指示し，それができている子がしっかり授業を受けている子，そうでない子は授業を真面目に受けていないと判断する教師がいます。しかし，黒板を写すという行為には，ある大切なことが欠けます。それは，「子どもが，これは重要な情報だ」と判断する必要性がないということです。ノートは，授業で重要だと思われる発言や説明について記録して

いくことが大切です。教師が指導するうえで重要だと判断した情報が黒板に書かれるわけですが，それを写させるだけでは，子どもは受動的です。

ですから，黒板を写させるだけでなく，友達の意見や教師の説明で重要だと思ったことをノートに積極的に書き込ませるように指導していきましょう。

すべてをノートに記録する必要はありません。自分が重要だと思う情報を書かせていきます。具体的には，自分の考えと逆の考えや似ているけれど異なる考え，面白いなと思う考えなどです。能動的に情報を選ばせるのです。

こういったことを指導して書かせるようにして，よく書けている子のノートをクラスで紹介しながら広げていきましょう。

思考面の指導

子どもたちがノートを通じて考えるためには，とにかく自分の考えを書かせなくてはいけません。考えをまとめて書くのではありません。書くから考えがまとまるのです。そのためには，頭の中に思いついたことをどんどん書いていく必要があります。書いていきながら，場合によっては，右写真のように加除訂正していくように指導します。最初からきれいに考えをまとめさせようとしないことです。端末では，多くの場合，書くスピードが思考のスピードに追いつきません。ですから，思考面の指導では紙のノートのほうが適している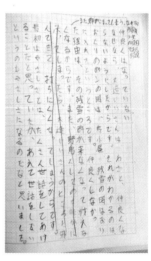
と私は考えます。そして，書く前と書いた後での考えの深まりを自覚させたり，思考ツールを指導したりするとより一層書くようになっていきます。

╲ POINT ╱
- 記録面と思考面の指導ポイントを押さえる。

（土居正博）

スパイラルに積み上げ，授業改善に活かす

ノート指導は子どもたちの発達段階に応じて行う

　子どもたちは，日々の授業において，ノートを使って学習することがとても多くあります。だからこそ，年間を通して，さらにいうと小学校生活の6年間を通して，ある程度段階を踏みながらノート指導を行っていく必要があるでしょう。

低学年で基礎を，中学年から高学年にかけて子どもに委ねていく

　低学年の時期のノート指導は，まずはしっかりと基礎的な部分を教える必要があります。基礎というのは，マス目に字を収めて書くこと，定規を使って線を引くこと，大事なことは赤鉛筆や青鉛筆を使って書くこと，日付を書くこと，などの項目が挙げられます。これらを日々の学習の中で繰り返し指導をしながら，基本的なノートのとり方を身に付けさせていきます。子どもたちがノートを写しやすいように，板書の文字数がノートの文字数と同じになるように準備することも大切です。

　中学年の時期のノート指導は，学級や担任が変わることもありますが，子どもの実態に応じてだんだんと子どもにとり方を委ねていく指導をしていくべきだと考えます。まずは教科や単元，1時間単位など，時間を絞ってノートを子どもたちに委ねてみるやり方がオススメです。とはいえ，できていなければ，低学年で行う基礎的な部分に立ち返りながら繰り返し指導を進めていきます。

　高学年の時期のノート指導は，教師が書いた板書をすべて丸写しするのではなく，子どもの思考したことが分かるようなノートを目指して指導をします。マス目は，5㎜方眼のものを見開きで使うことが多いです。自分たちで考えてノートをとることができるように，様々な友達のノートを紹介するよ

うな活動を定期的に行ったり，思考ツールなどの表現の方法を提示したりするなどの活動が効果的です。

とはいえ，ノートをとることが目的になってはいけません。ノートは，あくまでも，自分の思考を整理して，学習を理解するための手段であり，美しく，見やすく書くことそれ自体が目的ではないので，そこを見失わないように注意が必要です。

定期的にノートの点検をする

毎教科，毎時間は難しいかもしれませんが，定期的にノートを点検することはとても大切です。子どもたちの毎時間の学習の取り組みを的確にフィードバックしてあげることで，授業への意欲が高まります。その際は，授業のねらいに即してコメントや評価をするようにしましょう。「A」「B」「C」を付けるのならば，評価の観点を明確にして，子どもにも説明できるようにしなければなりません。

このノートの点検は，子どもの学習の理解度を見取るだけでなく，教師自身が行った授業で子どもたちがきちんと学習内容を理解できていたか，という点までも見えてきます。発問，授業展開，時間配分など，子どもたちのノートから伝わってくるものから，自身の授業改善に活かしていける教師でありたいものです。

‖ POINT ‖

- 低学年で基礎を，中学年から高学年にかけて子どもに委ねていく。
- 定期的にノートの点検をする。

（穐山直人）

Reflection

ノートをとる目的を共有する

　現代の学校では，子どもも教師も「学習中はノートをとる」ことに対して疑いがない人が多いと思います。そこを一旦見つめ直し，そもそも「ノートは何のためにとるのか」という目的を学習の初めに確認することで，日々のノートをとるという学習活動がさらに意味のある子どもの活動になっていくのではないかと考えます。記録面と思考面という二つの観点で上手にバランスを取りながら指導していくことで，よりよいノートづくりができる子どもたちを育てていけそうです。

細かく段階を考えていく重要性

　CASE 2 の穐山実践では，CASE 1 の土居実践で触れられていなかった発達の段階に合わせたノート指導の在り方について書かれています。土居実践では，ノートの機能の側面から指導のポイントを細分化して考えていましたが，これに合わせてそれぞれの側面での発達の段階に合わせた指導を考えていくことは，スモールステップでのノート指導を可能にし，緻密な指導になると思います。

（土居正博・穐山直人）

土居先生のココがポイント！　　1人1台端末時代に，ノート指導について再考する必要があるのかという指摘がありそうですが，授業では何より子どもたちが考えることが大切です。端末ではどうしても多くの子は機械の操作にリソースが割かれ，考えることに注力することが難しくなります。どういうときに紙のノートで考えさせ，どういうときには端末のほうが適しているのかを，教師自身が試行錯誤しながら子どもと一緒に考えていく必要がありそうです。

文字の丁寧さやスピードをどこまで求める？

　小学校に入学し，平仮名，カタカナ，漢字と順番に文字を学習してきました。しかし，字形は習ったときから比べるとだんだんと崩れ，自分の癖がついてきています。書写の時間にも文字についての学習は行いますが，3年生以上の学習のほとんどは毛筆を利用した学習であり，硬筆の学習に割く時間はそれほど多く確保できません。

　しかし，「字は体なり」という言葉がありますが，文字を丁寧に書くことで，書いた後に振り返る際に分かりやすかったり，相手に気持ちが伝わりやすかったりするなどのメリットがあります。さらには，一つ一つの物事に丁寧にじっくりと取り組む力は，文字を書く活動以外にもいい影響を与えるはずです。

　日々の学校生活の中で，文字を丁寧に書く力をどこまで求めればよいのでしょうか。丁寧に字を書く子どもを育てるためには，どのような工夫があるのでしょうか。

メリハリを意識させて字を書くことを教える

　子どもたちは，これから長い人生を生きていくうえで，ほとんど毎日と言っていいほど字を書くという活動を行うことになります。その字を書くという行為に対して，常に丁寧に，美しく書くことが求められると，子どもたちはとても窮屈に感じることでしょう。ましてや，字を書くことが嫌いな子どもたちにとっては，苦痛でしかありません。そのため，何のために字を書くのかという観点で，字を書く丁寧さにメリハリを付けていく必要があると考えます。私は，以下の2点で工夫をしています。

字の「ていねいレベル」を提示する

　私の学級では，字の「ていねいレベル」を提示しています（右参照）。これは，子どもたちにたくさんある字を書く機会の中で，どこに力を入れ，どこは力を少し抜いてもいいかを提示したものです。

　レベルが一番高いものに配置されている活動に共通することは，「『相手意識』『目的意識』が非常に高い活動である」ということです。

　例えば，毎年の離任式に向けて，お世話になった先生への手紙を書く際には，「先生が読めるような，感謝の気持ちが伝わるような字で書かなければならない」ということを伝えます。子どもたちは納得し，丁寧に時間をかけて手紙を書く姿が見られると思います（この説話をした後に，雑な字で手紙を書き上げてくる子どもがいたら，場合によっては書き直しなどの厳しい指導をする場合もあります）。

逆に，社会科見学の際，工場内でしおりにメモをする活動などの場合は，ていねいレベルは一番下に設定しています。この場合のメモの目的は，「帰校したら新聞にまとめるために必要な情報である」などが大半であり，このメモは自分自身が読めればよいのです。雑に書いていいとは言いませんが，ある程度，字形が崩れても許容すべきと考えます。

　難しいのがノート指導です。「ていねいレベル」は上から二番目としています。これは，子どもによって課題が異なるからです。日頃から丁寧に書く癖が付いている子には，少し書くスピードを速めるように伝えます。逆に，もう少し丁寧に書けるようになってほしい子には，時間をかけるように伝えます。「ノートのマスからはみ出ないようにしよう」などの具体的な声かけがあると，なお効果的です。

その子にとっての「丁寧」を把握する

　当然ですが，子どもによって，字の丁寧さのレベルは違います。字を美しく書くことと，丁寧に書くことは同じようで違います。あまり字形が整っていなくても，その子にとっては丁寧に書いたものだということはよくあることです。日頃から，その子にとっての丁寧さを把握し，頑張りが見えたら大いに褒めるようにしましょう。

〝POINT〟
- 字を丁寧に書く活動と少し崩してもよい活動のメリハリを付ける。
- その子にとっての「丁寧」を把握する。

（穐山直人）

一人一人に寄り添ったレベルアップを

どの程度まで伸ばすか，基準を持つ

　書く力は，個人によって求めるレベルを変えます。そのために，教師が基準を持つといいでしょう。以下は基準例です。

【基準】　S　板書をノートに自分なりに整理し，考えも書き込んでいる。
　　　　　A　板書を写し終え，次の活動にスムーズに移っている。
　　　　　B　板書を写し，次の活動に困ることなく移っている。
　　　　　C　・次の活動に何とか間に合うが，雑で読めない字が多い。
　　　　　　　・板書を写すことが遅く，次の活動に入ることができない。

　SからBまでは，後で見直すことが可能です。かつ，次の活動に遅れないペースで書くことができる状態ですので，質の高まりを目指すことができます。Cは，書くことが原因の一つとなって，授業についていけなくなってしまっています。その子の力を基準を通して観ることは，次にどんな姿を目指すのか，スモールステップで上達するときの指針になります。

その子の力の少し先を目指す

　次に，先述した基準をもとに，その子の今の力の少し先を目指していきましょう。どれくらい伸ばすのかは，書く場面とその子によります。つまり，何の目的で書いていて，その子はこの場面で，どれくらいの書く力があるのかを把握することから始めるのです。

　B基準以上の子たちは，自分でノートのとり方の工夫ができます。そのため，ノートを書いている際に，字の丁寧さやノートの書き方の工夫を褒めていきましょう。個別での声かけ一つで，工夫に力が入ります。

　さらに，良いノートの見本を全体に紹介するのも効果的です。授業開始時に，タブレットで子どものノートを投影機で映したり，学級通信などに載せて紹介したりして，価値づけをします。こうすることで，良いノートをつく

るときの方法を学ぶことにつながります。書き方を学ぶことで，自分の書き方に活かせるようにしたいものです。C基準の子は，まずは授業の様子から原因を探りましょう。

・書くことそのものが苦手で抵抗がある。
・書くことに価値を見出せない。
・字形を整えようとすることに必死で遅れてしまう。
・黒板を見てノートに写すことが苦手。
・人の話を聞きながら書くことが苦手。

こうしたつまずきが見えたら，書くことの個別の指導をする必要があります。指導の際に意識することは，指導の目的を明確に持つことです。

●書くことそのものが苦手な場合

ゆっくりでいいので，丁寧に書かせましょう。そのとき，「ここまででいいよ」とゴール地点を示してあげると，安心感を持たせることができます。この繰り返しで，少しずつ書くペースは上がるはずです。書くことが重荷にならないよう，切り替えて，次の活動に入りましょう。そのうえで，少しずつ早く書けるようになる姿を褒めていきましょう。

●人の話を聞きながら，書くことが苦手

主にメモをとる場面です。どうしても綺麗に，列挙して書かなければいけないという思い込みに囚われる子がいます。そこで，「見返したときに自分だけが分かればいいよ」「短い言葉で，線でつなげてみて」などと，指導をします。モジュールタイムなどで大事な言葉を聞き取る活動をしていくことも効果的です。

↘ POINT ↗
・書く力の基準を教師が持つ。
・今の力の少し先を目指す。

（津留﨑勇希）

Reflection

書くことに納得感を

二つの実践に共通していることは，場面と目的に応じた基準があるということでしょう。字の丁寧さとスピードをどこまで求めるのかは，この場面と目的によって変わります。そして，これを教師自身が理解していないと，どんな場面でも，丁寧で整った美しい字を求めてしまい，子どもたちの書くことへの嫌悪感を強めてしまうことになります。どんな活動でも同じです。なぜそれをするのか。目的に子ども自身が納得することが大切だといえます。

スモールステップを提示することの重要性

津留﨑実践からは，子どもの力をどこまで伸ばすのかという点に関して教師の側が明確にする必要があることが伝わってきます。丁寧に書くことはもちろん大切ですが，子どもの実態に応じたスモールステップを提示することは，子どもにとっても大人にとっても大事なことなのだと思います。最終的には，個別に対応する必要がある子どもへの指導が，教師としての腕の見せ所になりそうですね。

（津留﨑勇希・穐山直人）

土居先生のココがポイント！

子どもたちの丁寧さは様々な場面に波及するので，私は重要視して育てています。とはいえ，すべての場面で丁寧に書かせていると時間がいくらあっても足りないのは事実です。場面に応じて自分で考えて使いこなすように指導していくことが重要です。「今はどれくらいの丁寧さで書くべきかな」とことあるごとに子どもたちに尋ね，考えさせていきましょう。

丸付けは子どもがする？
教師がする？

　丸付けは教師／子どものどちらがするのがよいのでしょうか。例えば，宿題の丸付けが多いから，子どもたち同士でさせることもあれば，今日は時間的に余裕があり，見ることができるからといった理由で，教師がすることもあります（反対に，時間的に余裕がなく放課後にするということも出てきます）。丸付けは，日常的に行われている活動であるだけに，意外と深く考えることをしていないのですが，

　「丸付けをするときは，子どもに任せてもいいのか」

　「丸付けでは，どんな力を付けたいか」

　「子どもが丸付けをするときと，教師が丸付けをするときは使い分けるべきなのか」

といったことを考えると，いろいろと検討の余地がありそうです。やり方を工夫し，視点を変えて取り組むことで，宿題の丸付けでも，付けることができる力があるのではないでしょうか。

課題や宿題の内容や目的によって誰が丸を付けるかを変える

　課題や宿題の丸付けは，教師が行うものと子どもがするものを意図的に分けて行うようにしています。

●教師が丸を付ける

　漢字の小テストや業者テスト等，成績の評定に関わるものは，必ず教師が行います。正誤を正確に判定するとともに，クラスや子ども一人一人の傾向を掴むのにとても重要です。特に学年の始まりの段階では，教師が見るようにします。それ以外にも新出漢字の「とめ」「はね」「はらい」や，字の丁寧さのチェックも年度や学期当初は，教師がチェックします。4月当初は，他にもやることがたくさんあって，教師にとっての負担となりますが，ここでしっかりと基準を示したり，「適当にやっていては OK がもらえないんだ」と担任の姿勢を示したりすることで，1年間の学級経営の安定へとつながっていきます。また，4月の丸付けやそのときの声かけや指導が，後々，子どもが丸を付けるようになった場合の成果にも大きな影響を与えるので，特に気合いを入れて行うようにしています。

●子どもが丸を付ける

　子どもが正確に丸付けを行えるようになることで，学習に対する自分の理解度を即時評価できるようになります。自分で課題を解決し，必要に応じて不足している知識を補充していける自立した学習者になっていくことをねらいとしています。

　例えば漢字学習において，私が採択している漢字や計算ドリルでは，練習ページがあります。答えも載っているので，自分で丸付けまでして提出をさせています。基本的に教師は確認をするだけのはずなのですが，子どもの丸付けはかなり曖昧です。大きく丸をしているが，よく見ると「横線の本数」や「送り仮名」が間違っていたり，計算問題においては，単位を付け忘れて

いたり，そもそも計算が合っていないのに丸をしてしまったりしているこも見られます。中学校になると，テスト勉強は自分で考えて行うことが多くなりますし，その内容についてその都度他人がチェックするということはほとんどありません。まずは問題を解き，丸付けをする。間違いを確認する。理由を分析する。やり方を確認したり解き直したりして同じ問題を間違えないようにする。このようにして課題解決を行っていき，学習の仕方を身に付けることは，今後も求められる力です。宿題でプリントを行わせる際にも，なるべく答えも一緒に印刷し，自分で解く→丸付けをする→直しをする，というサイクルが回せるようにしています。

　その他のバリエーションとしては，保護者に丸付けをしてもらうこともあります。不定期にそのような方法をとることで，子どもにも緊張感が出ますし，保護者にとっては，子どもの学習状況の確認や宿題への取り組みを一緒になって見守ることができ，好評です。

　また，隣同士でプリントを交換させ，丸付けをすることもあるでしょう。そうすることで，「自分のものではないから責任を持って丸付けをしなくてはいけない」という責任感が生まれ，また，「正確に丸を付ける」という力も身に付いていきます。

　上記のような活動を日常的に行っていくことで，卒業アルバムや卒業文集の相互チェック等も，抵抗感なく，また真剣に取り組むことができるようになっていきます。

⟍ POINT ⟋
- 目的によって誰が丸を付けるか変えてみる。
- 丸付けを通して，自立した学習者を目指す。

（石澤　智）

CASE 2　スモールステップで付けたい力を伸ばす

丸付けを子どもがする目的とは？

　私は教師が丸付けをする目的は，「範を示す」ことにあると考えます。それに対して子どもが丸付けをする目的は，自己チェックする力を付けることにあります。これは，自主学習ノートでの自己チェック，テストやプリントなどでの見直しにも通じる力だと考えます。だから，自己チェックする力を身に付けることを通して，自分で学習できる児童像をイメージしています。

スモールステップで指導する

　上述のように，丸付けを通して付けたい力は，自己チェックする力を付けることにあります。

　チェックする力には５段階あると考えています。

　①教師が丸付けをし，やり直しをする。
　②先生が答えをいい，自分で丸付けをする。
　③自分のノートの丸付けをして，交換してチェックする。
　④ペアでノートを交換して，友達のノートを丸付けする。
　⑤答えを見て，自分で丸付けをする。

　①は教師が丸付けをし，子どもがチェックします。②は教師が答えを言い丸付け，③から⑤は子ども自身で丸付けをするという方法です。

　ここでのポイントは三つです。

　一つ目は教師の丸付けとチェックを厳しくすることです。「範を示す」と言ったように，一つ一つきちんと丸を付け，やり直しをさせることが重要です。ここでは，「やり直しをしていない」「字が汚く読めない」ときは，こちらから声をかけ，再度，取り組ませることが必要でしょう。この部分は手を抜いてはいけません。

　二つ目は少しずつ，子どもに任せていくということです。いきなり，すべ

てを任せても子どもの負担が大きくなり，丸付けの仕方も乱雑になることが考えられます。そのため，少しずつ手渡しをし，子どもにもできるという感覚を持たせることが自分で学習することの第一歩です。

　三つ目はルールを単純にすることです。私が伝えているルールは二つあります。一つはやり直しは学習したことを見直すために赤で行うこと，二つ目はチェック力を高めるために一つ一つ丸をすることです。このくらい単純にして取り組むことをオススメします。

システムの中でマインドを育てること

　とは言っても，子どもたちは慣れてくると，やり方が雑になることもあります。これは，自分たちで丸付けをするかという意識が育っていないということも一つの要因です。そんなときは，教師として，子どもたちに「どうして，自分たちで丸付けをすることが大切かな？」と問うことが大切です。

　「自分たちで勉強ができるようになるため」「テストで100点をとるために直しをする」といった答えが出ると考えられます。子どもたちの中で，丸付けをする価値や意義を育てていくよう声をかけるのです（もしも，問われたことを答えられなかったら，教師がもう一度伝えましょう）。価値と意義を何度も繰り返し話すこと，思い出すことが大切です。

╲╲ POINT ╱╱
- スモールステップで指導をする。
- システムの中で子どもたちのマインドを育てる。

（大橋健太郎）

Reflection

〈CASE 1：石澤実践について　自立した学習者を育てるために〉

　石澤実践のポイントは，年度当初に教師が範を示すことです。その際に，教師側が丸付けの仕方や正誤性を見ることを指導することが必要になります。その指導を徹底することが4月，5月でしょう。ここの指導が雑になれば，後々，自分たちで丸を付けるときに，きちんと丸を付けることができなくなります。そのため，年度当初に，徹底的に指導し，少しずつ，子どもたちで丸付けができるように，手綱を渡してくことが大切ではないでしょうか。（大橋）

〈CASE 2：大橋実践について　まずは手本を教師が示す〉

　大橋実践の教師が「範」を示すという考えに共感しました。やはり身近な教師が，学習したことについて「こういう方法が正しい」「こうするとよい」ということを明確に示すことで，子どもは「基準」を自分の中に構築していくと思います。その「基準」ができたら，徐々に自分での丸付けを通して「適応」していくことができます。その際も，いきなり完璧なチェックや丸付けができるわけではないので，スモールステップを踏んでいる点もとてもよいと思いました。また，子どもたちに任せることも大切ですが，時には，教師が丸付けをする機会をつくり，子どものチェックのレベルがどの程度の状態なのかを確認することも大切です。（石澤）

（大橋健太郎・石澤　智）

> **土居先生のココがポイント！**　評価（特に総括的評価）に関わるものは教師が丸付けをすることは避けられないでしょうが，そうでないものに関しては，子どもにさせていくことは何ら問題ではありません。むしろ，丸付けをきちんと自分でできる力は中学生以降自分で学習するときに欠かせません。教師が楽するためではなく，子どもたちに力を付けるために，丸付けの技能も指導していくようにしましょう。

タブレットって
どう使ったらいい？①

　1人1台端末の導入で，子どもたちが授業中にタブレットを使うことが日常化しています。端末導入後は，使い慣れる前に次々と新しいアプリなどが入り，頭が混乱してしまっています。しかも，子どもたちがタブレットを使いこなすようになるスピードは凄まじく，教師よりも操作について詳しいなんてことも……。

　「タブレットを使って授業してください」と言われても，実際に授業中にどのように使えばよいのか分かりません。そもそも，タブレットを使わなくても，今までも授業はできていたのだから，必要ないのではないか。そんな思いもよぎってしまうほどです。
　どのようにしてタブレットを使って授業をしたらよいのでしょうか。

効果的な使い方よりも授業構成力が試されている

　タブレットを使うに当たって，タブレットを使うことは授業の目的ではなく手段であることを意識している一方で，より効果的に使うにはどうしたらよいのか試行錯誤があると思います。タブレットを使うことで子どもにとって効果的な場合もあれば，時には時間ばかりかかり，中身の伴わない場合もあるでしょう。授業でタブレットを使うことが当たり前になった今，より一層，教師の授業力が試されていると感じます。そこで，「何の目的で使わせるのか」が大きな鍵となるはずです。タブレットの特徴を活かしたその目的には「視覚化」「共有」「蓄積」があると考えます。

ポイントは「視覚化」「共有」「蓄積」

①視覚化

　視覚化には二つの視点があると思います。一つは教師から子どもに対してより理解しやすくするための手立てとして教材等を提示することです。タブレットを使用することで，今まで紙で用意していた資料等がカラーで見られたり，一人一人が手元で操作したりできます。特に，社会や理科等では自由自在に資料を拡大し気付いたことを話し合ったり，必要な資料や実験手順を自分のタイミングで繰り返し見返したりすることができます。もう一つは，目に見えにくいものを視覚化することです。目に見えにくいものとは，例えば思考の過程や，児童の成長過程です。ホワイトボード機能を使用し，思考ツールを背景に貼り，付箋を使ってアイデアを集め整理することができます。子ども自身も意見を整理したりまとめたりしやすく，教師もその過程を見取ることができます。ノートとタブレットの併用で，何をタブレットで取り組ませ，何を書かせるのか迷うことがありますが，学年によっては，思考はタブレット，まとめはノートという形をとることも有効です。

　また，私の学級では毎回の漢字小テストの結果をスプレッドシートに入力し，棒グラフ化しています。棒グラフ化することで，自分の成長や課題をパ

ッと見ることができ，モチベーションやその後の学習改善につなげることができます。

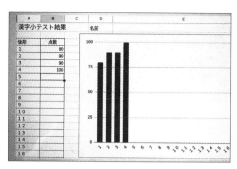

②共有

短時間でより多くの意見をパッと共有できるのもタブレットの魅力です。発言することに抵抗がある子も，タブレットで意見を表出し，それを教師や友達から価値づけられることで自信を持つこともできます。また，Google Classroom の課題配布の「生徒がファイルを閲覧できる」「各生徒にコピーを作成」やドキュメントやスプレッドシートのコメント機能を目的に応じて使い分けることで，より効果的に活用することができます。

③蓄積

スプレッドシートのコメント機能では，教師から子どもや，子ども同士でコメントすることができます。また，途中でノートを変えると前の学習を振り返ることは難しいですが，タブレットではその心配はありません。単元ごとに学習した内容を積み重ねたり，一括で管理したりするのに有効です。外国語，理科，社会等，単元ごとの振り返りと次の学習で頑張りたいこと等を積み重ねることで，既習を活かしたり，振り返りを次につなげたりする力が育ちます。

⌁ POINT ⌁

- 何の目的で使うのかを明確にした授業構成が大切。
- 「視覚化」「共有」「蓄積」の目的で使うとより効果的である。

(竹下志穂)

メリットを活かした利用方法を考える

ICT のメリットって何？

まずは，タブレットを使うメリットに目を向けてみましょう。

①すぐに情報の共有を行うことができる。
②すぐに情報に辿り着くことができる。
③すぐに情報の整理をすることができる。

今までであれば，情報を共有するなら同じ空間にいる必要がありました。また，知らない情報を得るためには，限られた媒体しか使えませんでした。情報の整理も，鉛筆で書くことが中心でした。しかし，これらのこともタブレット端末が個人に1台あれば，解決できるようになりました。上の3つのメリットを活かした活用方法を，次に述べていきます。

メリットを活かした利用方法
①すぐに情報の共有を行うことができる

タブレット端末を使えば，従来では不可能だった場面で情報共有が可能となります。オンライン授業もその一つです。同じ空間にいながらも，互いの制作物を見合ったり，評価したりすることが難しかったことも，タブレット端末があればできるようになります。

例えば，Google スライドで作成したスライドを使って，調べたことをまとめたものを共有しておけば，自分の席で見ることが可能となります。また，ノートで書いたものを写真に撮って，ベネッセのミライシードのオクリンクという機能で共有をすれば，こちらも自分の席で友達のノートを見ることができます。共有すると友達の制作物が見られるので，自分の取り組みに活かすことができます。模倣が今までより格段にしやすくなるのです。今までは活動中に何をしていいのか分からずに困っていた子も，常時，友達の活動過程が見られるなら，真似をしながらでも先に進めることができます。

②すぐに情報に辿り着くことができる

　インターネットを活用した検索だけでなく，自分の学習の記録を蓄積し，すぐに見返すこともできます。学習の蓄積は，これまではノートやワークシート等にしていましたが，タブレット端末1台でできるようになります。Googleのドキュメントやスプレッドシートなどで，一つの枠を作れば，全員に配布することが可能で，学習の蓄積ができます。学習の蓄積は情報ですので，過去の自分のものにすぐにアクセスできることがメリットです。

③すぐに情報の整理をすることができる

　これまでは大きなデータを整理して表にすることには時間がかかっていました。しかし，タブレット端末でアンケート機能を使い，意見の集約をすれば，データの蓄積と整理はあっという間にできてしまいます。これまでは，集計作業や整理することが目的になってしまうこともありましたが，タブレット端末だとすぐにできるので，本来の目的がブレることなく活動に取り組めます。整理したことを分析し，学習課題の解決につなぐ時間をしっかりととることができるのです。

　こうしたメリットを活かす際に大事な考え方は，「ICTからのスタート」ではないということです。授業で一番大事なことは，その授業の目標を達成することにあります。ICTからスタートして考えてしまうと，どうしても活動だけに目が向き，何を育てたいのかを見失ってしまいます。そのため，この授業で，この単元で，子どもたちにどんな力を身に付けさせたいのかを明確にしたうえで，その目標を達成できるICTの活用を考えることが重要です。目標ありきの活動だということを忘れないようにしたいものです。

⇘ POINT ⇗
- ICTのメリットを知る。
- メリットを活かした活用をする。

（津留﨑勇希）

Reflection

視覚化の大きなメリット

　CASE 1 の竹下実践の視覚化は，子どもたちの情報の共有にとって大きなメリットです。作成したものを，即座に拡大して授業時間内に共有して見せることは，これまでは不可能でした。タブレットのおかげで，例えば投影機でホワイトボードに映したり，タブレット上で共有したりできるようになりました。視覚化することが，子どもたちにとってどれほど大切なことかは言うまでもありません。タブレット内のデータの「蓄積」に加え，子どもたちの心にも「蓄積」していきたいものです。

授業で一番大切なこと

　どちらの CASE にも共通している一番大きなポイントは「目標を達成させるための ICT 活用である」という点です。ICT を使った効果的な活動を考えるのではなく，子どもたちにどんな力を身に付けさせたいのかを明確にすることこそ，最も重要です。その目標達成に，より有効な手段として ICT のメリットを活かして考えていくことが大切です。そして，本時の中で効果的に使うだけでなく，ICT のメリットを子どもたちが実感し「この場面では〜を使ってやってみたい」と，学び方を自己選択する力も育みたいと考えます。

（津留﨑勇希・竹下志穂）

土居先生のココがポイント！
　1人1台端末が導入されてから3年ほどが経過しました（本書刊行現在）。これからは，「使っていればよい」という段階は過ぎ去り「効果的に使えているか」どうかが吟味される時期となるでしょう。授業のねらいに対して端末がどのように使えるか，そしてそれは端末以外で行ってきていたときと比べてどんなメリットがあるのか，などが検討されていくべきです。板書が研究されてきたように，端末はそれに代わるくらい重要となり得るツールです。子どもたちの思考を深める端末使用の在り方を研究していきたいですね。

タブレットって
どう使ったらいい？②

　GIGA スクール構想も始まってから数年が経ちました。少しずつ我々教師も子どもたちも端末を使っての学習に慣れてきています。

　しかし，慣れてきたからこそ，タブレットの使い方に行き詰まっています。

　「ある程度使えようになったと思っているが，本当にこの使い方でいいのかな」

　「この使い方ならタブレットより紙のほうがいい気がする」

　「どんどん使ってみる」時期が過ぎて，「どのように使うか」を考える時期なのではないかと思います。使う中で，メリット・デメリットも見え始めてきたからこそ，使う意味や使い方に悩みが生まれてきました。

　これからタブレットをどのように使ったらいいのでしょうか。

学習ログとして活用する

タブレットを使うメリットは何か

　私はタブレットを使うメリットは三つあると考えます。一つ目は即効性です。子どものノートや感想を共有し，さらに考えを深めたり広めたりできます。

　二つ目は，記録（学習ログ）としての機能です。今まではノートなどにまとめるも，なくしてしまう子もいました。しかし，タブレットでは写真を撮り，記録として残すことができ，いつでも見返すことが可能です。

　三つ目は，個別支援です。タブレットを使うことで，その子に合った指導が可能になります。例えば，書くことが苦手な子どもたちには教師がヒントを示すことも可能です。

　以上，私が考える三つの機能的なメリットです。以下，具体例を交えて実践を紹介します。

友達の感想を読んで感想を書く

　国語の学習において，１時間目に初発の感想や一文あらすじを書く学習活動を展開することがあるでしょう。そのとき，書き終わった子どもたちが暇を持て余すこともあります。暇を持て余した結果，教師から注意が増え，クラスの雰囲気を悪くしてしまうこともあるでしょう。そんな事態を防ぐために，タブレットを次のように活用してはどうでしょうか。

　①感想を書いたら，写真を撮り，提出箱へ出す。

　②提出した子どもたちから，他の友達の感想を読み，その感想を書く。

　単純に，「書いた人から見ておくように」と伝えても，子どもたちは見ることはしません。だから，タブレットを使って見るとしても，目的が必要です。今回は，感想を書いた子どもたちから，さらに友達の感想を見て，感想を書くことをします。そうすることで，一人一人の進路に合わせて学習をすることが可能となり，学習を深めたり広めたりすることにもなるでしょう。

OPPA の要素を活用した学習ログとして活用

次は記録についてです。

タブレットに記録をするときにありがちなのは，データの整理整頓ができないことです。そのため，写真を撮り，取り込むも，何がどこにあるか分らなくなることがあります。そんなときに，上手にまとめる方法があります。それが，OPPA という考え方です。これは，１枚のシートに情報をまとめることです。

活用方法は，右の写真のデータを送り，子どもたちが振り返りを書いたり，情報をまとめたりしていきます。このシートのメリットはひと目で何が書いてあるか分かること，過去の記録を振り返れることです。特に，単元終わりの振り返りのとき，何を書いたか，自分がどんなことを考えていたかが分らないので，このシートを見るととても分かりやすいです。

参考文献：土居正博 (2022)『クラス全員に基礎学力をつける！２年生担任のための国語科指導法』明治図書／堀哲夫 (2019)『新訂　一枚ポートフォリオ評価 OPPA　一枚の用紙の可能性』東洋館出版社

⇗ POINT ⇖
- 使う機器の特徴の良さを考える。
- 情報を収集するときは１枚に集約する。

（大橋健太郎）

省察と振り返りで授業を磨く

これまでの授業を振り返り，SAMR モデルを参考に整理する

SAMR モデルとは，PUENTEDURA（2006）が考案した ICT を授業等で活用する場合に，その ICT が従来の教え方や学び方にどのような影響を与えるかを示す尺度になるようなものです（三井, 2014）。

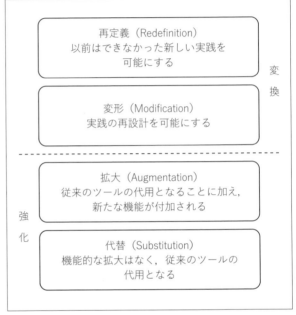

図1　SAMR モデル（三井が和訳した図に追記）

そのSAMR モデルでは，ICT 活用を四つの段階で整理しています（図1）。

私たちの実践も SAMR モデルに当てはめて整理し，自分がどの段階を目指すべきなのかを把握することが授業改善につながると思います。これらの四つの段階について，実践事例を踏まえて説明します。

これまでの授業の一つを ICT に変えてみる

まず，今までの授業で使っていた何かを ICT に置き換えてみましょう。ノートに書いていたことをワードで書いたり，画用紙で資料を作っていた発表をパワーポイントで発表したりと置き換えることが「代替」に当たります。

「拡大」は，「代替」のように置き換えて使うだけではなく，機能的な良さを付け加えることです。テレビに映した教科書の注目したい場面に印を付けたり，拡大や縮小をしたりすれば，ICT を活用する意味がぐっと高まります。

この二つの活用は実践しやすく，そして子どもたちの意欲を高めたり，スキルアップにつながったりします。まずは，この二つの段階の実践ができないかと日々の学習を見つめ直すとよいでしょう。

ICT があるからこそできる実践を考える

「変形」と「再定義」は，実践レベルがぐんと上がります。ICT 機器の性質と効果をきちんと理解しなければなりません。

「変形」は，ICT で授業そのものの形を変えることです。今までグループで発表し合い，感想を伝え合っていた授業が，事前に撮影した友達の発表動画を見て感想を述べたり書いたりする授業が可能になります。グループのメンバーだけではなく，より多くの発表を聞くことができるようになります。

「再定義」は，以前までは不可能だった実践が可能になることを指します。社会科で米作りをしている人に web 会議システムを用いて直接話を聞いたり，複数クラスに同時配信をしたりするなど ICT でなければ実現することができない実践のことです。

また，SAMR モデルはタブレットに限らず，テレビや実物投影機など様々な ICT 機器を活用した実践をする際に指標となります。日々の実践をこの 4 段階で振り返り，自分の現在地はどこなのか，どんな使い方を目指したいのかを明確にして取り組んでみてください。

参考文献：三井一希（2014）『SAMR モデルを用いた初等教育における ICT 活用実践の分類』日本教育工学会研究報告集

ⅥPOINT∥
- 自分が目指す ICT 活用の段階を把握する。
- ICTを使う良さをもとに実践を考える。

（三浦史聖）

Reflection

子どもたちの状況に合わせて使うこと

　タブレットの機能面のメリットでは即効性，記録，個別支援の三つを挙げました。どれも，まずは「使ってみる」なかから生まれ，学級の子どもたちに合うものを選んでいます。また，活用の際には，タブレットのほうが適しているかどうかを考えて，使っています。時にはタブレットを使うことで効率的に学習を進められず，使わないほうがいい場合もあるからです。所属学年の児童の状況や前年度の使い方を考慮しながら使っていくことも必要です。

ICT 機器を使う前に

　ICT 機器は，鉛筆やノートと同じように一つの学習ツールとして位置づけることが求められています。とはいえ，初めて使うときには子どももそわそわするものです。思いがけない行動をとることもあります。ねらい通りの使い方ができなかったり，時間がかかってしまったりすると，次の授業では使いたくなくなってしまいます。そうならないように，使う前には実際に自分も使い，他の先生に聞いたり調べたりして，起こり得る課題を知っておきましょう。「これを押すと○○になってしまうから今はこの機能は使わないよ」など，事前にねらいと使用方法をきちんと説明し，「分からないことや困ったことが出てきたら，説明が終わった後に手を挙げてね」と不安を取り除く配慮をすることで大きな混乱は避けられます。教師も子どもも使ってよかったと思えるように活用し始めたいですね。

（大橋健太郎・三浦史聖）

土居先生のココがポイント！

　教師個人によって端末をどれくらい授業で使用できるかは異なります。今ほとんど使えていない方は「とにかく使ってみる」という段階は避けられません。その段階を過ぎ，ある程度使えるようになってきた教師は「効果的な使い方や使い分け」について考えていくべきです。さらにその後は「子どもが使い分けられるように指導していく」ということについて考えていく必要があるでしょう。ご自分の段階を踏まえて，1人1台端末に向き合っていくべきでしょう。

ダラダラと話す子への指導は どうしたらいい？

　子どもたちは本当に話すことが大好きです。授業中も休憩時間も，そして帰るときにも，たくさん話しています。時には「静かにしなさい」「お話をやめましょう」と言われるくらいよく話します。

　話すことが好きだからこそでしょうか，授業中にこんな子どもたちの姿を見ることがあります。

　・自分の考えがまとまらず，話し続ける。

　・話が終わったと思いきや，まだ終わっていない。

　・何が言いたいか，今ひとつ伝わらない。

　話すということは何かを相手に伝えるということです。どんなに話が好きで，たくさん話しても相手に伝わらないと意味がありません。どうすればよいのでしょうか。

基本原則「ハキハキ　スラスラ」と話すこと

　子どもたちと話していると，とりとめもなく長々と話す子がいます。「ここが最後かな？」と思いきや，まだまだ話が続いていきます。そして，終わったと思いきや，「結局，何が言いたかったのかな？」と拍子抜けすることもあります。子ども自身は悪気もなく，言いたいことをどんどん話します。

　言いたいことを言い，主張点が明確にならず何が言いたいか分からない話し方は，聞いている側も嫌になってきます。クラスの学習する雰囲気が崩れていくこともあります。とりとめもなく話すことは，話している側にとっても，聞いている側にとっても，いいことはありません。

　そのような子どもに話し方の指導をするときの基本原則は，「『ハキハキ　スラスラ』と話すこと」です。それは，きちんと聞き取れるためには，一定のリズムと声の大きさが必要だからです。

「ハキハキ　スラスラ」と話すステップ

　「ハキハキ　スラスラ」と話せるようになるためには，話すときに，「結論＋理由」づけという順番で話すことです。「私は○が好きです。理由は△だからです」というように話すということです。このように話をするだけで，主張点が明確になり，聴き心地も悪くありません。すぐにはできない子もいるので，次のステップを踏むとよいでしょう。

　①書いてから話すようにすること。
　②日常生活での話題を使い，話す経験を積むこと。

　①は話すことに自信がない子にはオススメです。書いたものを読むだけなので，難易度も下がります。
　②はクラスの子どもたち全体が話すことの経験があまりない場合には効果的な取り組みです。話すことの経験を増やし，話すことへの抵抗感をなくす

ことができるからです。そのためには，クラスでペア対話を取り入れて取り組むことも有効的でしょう。

動画を見せてイメージをさせる

　ただ，実際に取り組んでいくと，自分が本当に「ハキハキ　スラスラ」と言えているかは分かりません。このときに効果的なのは，「ハキハキ　スラスラ」と話せている子どもたちの動画を撮って見せることです。

①話している動画を10〜20秒ほど撮ります。
②次時で，取り組む前のポイントとして，「〇〇〇〇　〇〇〇〇」と話す。
　と板書します。
③動画を見せ，「話し方で気付くことはないかな？」と問い，子どもから「ハキハキ　スラスラ」が出るように問います。
④もう一度動画を見せ，「ハキハキ　スラスラ」と言えているか確認します。
⑤ペア対話を始めます。

　動画を見せることで実際に姿が分かり，言葉だけでは分かりづらい子も理解できます。言葉だけでは伝わらないときには，動画を見せるとよいでしょう。

参考文献：土居正博 (2022)『クラス全員に基礎学力をつける！2年生担任のための国語科指導法』明治図書／堀裕嗣 (2012)『教室ファシリテーション10のアイテム・100のステップ　授業への参加意欲が劇的に高まる110のメソッド』学事出版

″POINT″
● ハキハキ　スラスラと話すこと。
● 言葉で伝わらないときは動画を見せること。

（大橋健太郎）

説明文を例に，話の中心が伝わりやすい話し方を考える

まずは，基本の形を伝えます。

①自分が伝えたいことをズバッと言う。
②理由や主張の根拠，具体例などを付け加えて説得力を増す。

今まで学習したことと似ているものはないかと聞くと，「説明文だ！」と表情が明るくなる子がいます。話すときには説明文の頭括型や双括型がよく使われます。そのことに気付くと「最後にもう１回伝えたいことを言ったほうがいいのかな」などと伝わりやすい話し方を考えるきっかけとなります。

「説明文の形は，話をするときにも使っていた形なんだね」と今まで学んできた形とつなげることで，基本の形が定着しやすくなります。

話の構成の違いで相手の受け取り方が変わります。分かりやすい話し方，説得力のある話し方，引き込まれる話し方などどんな話し方をしたいのか考え，構成を工夫していけるようにしたいものです。

「話すときは，どんな話し方をすると聞く人に伝わるかな，聞いてもらえるかなと考えながら話せるといいね」と伝えるとよいでしょう。

問い返しで話の中心を意識させる

ダラダラと話すのは，話し方が分からなくてつまずいている場合もあれば，自分でも何が言いたいことなのか分かっていない場合も大いにあります。話し方を工夫しようとしても，自分の話の内容が整理されていないと難しいものです。しかし子どもたち一人一人に，あなたの言いたいことはこれだと伝えることはできません。そこで「問い返し」で話の中心を掴めるようにしていきます。また，聞いている子どもにとっても話の中心を聞く力を身に付けたり，自分が話すときに意識できるようになったりするので，どんどん問い返します。

話の中心を意識させるための問い返しの例をいくつか分類して挙げます。

●中心を直接問いかける……「一番言いたいことは何かな」
●言い換えさせる　　　……「つまり，ひと言で言うと何かな」
　　　　　　　　　　　　　「別の言い方をするとどうなるかな」
　　　　　　　　　　　　　「それは○○ということかな」
●話の内容を整理させる……「話の中で大事だと思う順はどんな順番？」
●続きを考えさせる　　　……「今の話はどんなことにつながると思う？」
　　　　　　　　　　　　　「この続きを言える人いるかな」
●類似・相違を見つける……「似ている意見はあったかな」
　　　　　　　　　　　　　「さっきの意見と何が違うのかな」

　これらのように問い返して振り返らせることで，自分の話の中心が鮮明になっていきます。鮮明になっていくと，内容の必要性を考えて取捨選択できるようになります。必要なことを端的に伝える力につながっていきます。
　ダラダラと話すことよりも，短くまとめて話すことのほうが難しいのです。子どもたちにその難しさを先に伝え，よりよい話し方ができるための目標をもって取り組ませていくことも大切です。問い返しだけではなく価値づけを忘れず，前向きに取り組めるようにしていきたいものです。

❱❱ POINT ❰❰
- 話の中心が伝わる話し方を考えさせる。
- 問い返して話の中心を明確にしていく。

（三浦史聖）

Reflection

発達段階や児童の特性を考慮する

　指導をするときの注意点は，子どもの特性を理解していることです。特に発達課題のある子どもや話すことが苦手な子どもには注意が必要です。教師側の要求するレベルが高すぎたり，教師の思いが強すぎると話すことを嫌になってしまうかもしれません。だから，そういった子には自分で目標を持たせることで，取り組む意味を持たせたいです。そして，その目標が達成できたときは，大いに褒め，子どもの頑張りを認めることが必要だと考えます。

問い返しと価値づけをセットで

　問い返しは，学習を深めたり広げたりするためによく使われます。例に挙げた問い返しも珍しいものはなく，日頃行っているものも多いと思います。しかし，ただ問い返せばよいわけではありません。問い返した後の発言に対して「一番伝えたいことがよく分かったよ」「とても分かりやすい説明になったね」などと価値づけることで，このように話せばいいんだと学びにつながります。問い返しの答えに対してもう一度問い返したり，他の子どもに広げたりして全員を巻き込んで学びの機会を増やしていきたいものです。

（大橋健太郎・三浦史聖）

土居先生のココがポイント！　子どもたちが端的に結論から話せるように指導していくと，たくさんのよいことがあります。まず，同じ時間でも発言できる人数が増え，結果的に議論が深まりやすくなります。また，聞いている側の子も要点を掴みやすくなるので，話し合いに参加しやすくなります。まずは子どもたちの聞く力や姿勢を育てることが重要ですが，それができてきたら，この実践のように話し手を育てていくようにしましょう。

正誤にばかり価値を置く子には？

　「やったー！　100点だ！」テストの返却の際，教室でこのような言葉
を聞くことがあります。一生懸命に頑張って勉強したテストの結果がよ
かった。子どもたちだけでなく，もちろん私たち教師も嬉しいことです。
でも，一喜一憂した声を聞いた後，そのテストは，サッと引き出しにし
まわれ，ろくに見返すこともないまま持って帰られることもあります。

　このような状況は，テストだけに限ったことではありません。算数の
授業中，「よし，合ってた！」というような声が聞こえる一方，間違え
ると，途端にやる気をなくす子もいます。

　正誤に価値を置くこと自体は，やる気のエンジンにもなるので，間違
ったことではないように感じるのですが，それのみに価値を置くと，学
びから急に離れてしまうように思います。

　どうすれば，子どもたちに，真の学びへと目を向けさせることができ
るようになるのでしょうか。

過程に目を向けさせる学習展開に

正誤にこだわって何が悪い

　「正しいことはいつでも，誰が言っても正しい」——確かにその通りですが，ここに違和感を持つ人は多いです。それは正誤に価値を置くことだけがすべてではないからです。

　子どもたちが正誤に価値を置くのは，正しいことや本当のことを「知りたい！」という欲求があるからです。これは，どの子も認められるべきです。正誤に価値を置くことが，自分の考えを深めたり，技能の習得につながっていたりすることも事実です。したがって，何も悪いことではありません。しかし，正誤「のみ」に価値を置くと何が起きるでしょうか。

　①過程が軽視されてしまう。
　②「間違うことは恥ずかしい」という価値観を持ってしまう。
　③他者の考えを受け入れることが難しくなる。

　①，②については，学習する態度につながります。こうした態度は，学びを探究していくときには邪魔になります。恥ずかしい気持ちがあっては，トライ＆エラーを繰り返すことができません。過程を軽視しては，目的に辿り着くことができません。

　③は，他者との関係づくりにつながります。いつも「自分が正しい」という態度で接してこられては，建設的な対話を継続できません。このような態度であっては，良好な人間関係を築くことは難しいのです。

過程に目を向ける大切さ

　「正解すればそれでよい」と考える子どもに対しては，徹底して説明を求めます。算数の授業で，早く答えに辿り着き，正解と思っている子がいるとします。「どうせ正解だし，暇だな」と思っているかもしれません。心の中では他の子より「できる」と，自分と友達を比べているかもしれません。

そこで，過程の説明を求めていきます。その子のプライドを逆撫でしないよう，「もう終わったんだね。すごいなぁ。ところで，説明できそう？」と言葉をかけてみます。すると，「え？」と一瞬固まる子もいるでしょう。また，ペアで説明をさせ合うのも有効です。ペア活動の後，全体での発表で，その子が大活躍するかもしれません。

　ここで大事にしたいのは，「聞き手が納得をしたかどうか」です。納得したというのは，その説明を聞いた相手がすっきりしたということです。すでに様々な思考を巡らせている相手を納得させるのは，並大抵のことではありません。ありとあらゆる言葉を使って，納得させなくてはいけないのです。

　このとき，すでに答えの重要度は下がっています。正しい答えに辿り着くことを目指していたのに，話し合い中は過程に目が向いています。過程に納得がいかないと，当然，答えに納得がいきません。価値が正誤から過程に移っていると言えます。

　この話し合いの仕方だと，間違うことが当たり前になります。むしろ，間違いのおかげで，よりよい考え方に気付くことができます。話し合いの中で，間違える機会をつくり，間違いに価値を置きたいものです。

　また，過程に重きを置いているので，相手意識を持った説明が必要となります。「みんなが納得できるように話している」と思うことができれば，正誤「のみ」でなく，過程にも価値を置くようになるのです。また，説明を受けた子どもが，「○○さんの説明のおかげで理解できた」というような言葉を残すなら，良い関係づくりのきっかけにもなります。

　このように，正誤に対するこだわりをなくすのではなく，価値の範囲を広げる意識を持つとよいでしょう。

↘ POINT ↗
- 正誤「のみ」に価値を置くことの弊害を考える。
- 過程に目を向け，価値の範囲を広げる。

（津留﨑勇希）

「納得解」を提示できる専門性を高める

正誤にこだわる子が見ている世界

　「先生，結局答えはどれですか」「何が正解なのですか」

　国語で物語を読み解くときや，算数で様々な解き方を話し合っているとき，そのような発言が聞こえてくることはないでしょうか。

　自分や友達の答えが正しいのかそれとも誤りなのか。もしくは，どの考えが一番の正解なのかにこだわる子。どのクラスにも必ずそういった子たちがいるでしょう。その子たちが持っているのは「正誤の物差し」なのです。この物差しでは物事を正しいこと，正しくないことといった視点でしか測ることができません。ある意味で，この子たちは「授業・学習・学び」をそういった正誤の物差しで測れるものとして認識してきたのでしょう。

　私はそういった子たちと出会うと思わずニヤニヤしてしまいます。それは，「問題の見方・捉え方」が広がるチャンスだからです。こういった正誤にこだわる姿勢は「問題に向き合っている」「こだわっている」という点はむしろ清々しくもあります。しかし，正誤といった基準だけでは測れないことがこの世の中にはたくさんあるのも事実です。そういった物事に出会ったとき，「納得解」という違う基準の物差しを手に入れて使えるようになってほしいと思うわけです。そのために私は，「納得解という物差し」と「基準の明確化」を大切にして指導しています。

目盛りの「基準を明確」にした「納得解という物差し」を手渡す

　大事なのは，まず「納得解という物差し」があることを説明することです。これは案外簡単で，私はいつも次のような話をしています。

> 　廊下で走るとケガをさせたりケガをしたりする。だから，走ってはいけないことは誰もが知っている。でもある日，校庭で友達がケガをした。周りには誰もいない。教室にいる先生を急いで呼びに行く必要がある。そのとき，廊下を走って呼びに行くか，それとも，廊下は走

らず呼びに行くか。どちらが正解なのだろうか……。

　このように，日常の生活場面では正誤の物差しでは測れないことがたくさんあります。それは授業場面でも同じです。だからこそ，自身のもしくは周囲の納得を基準とする「納得解」が大事になってきます。

　そして，次に大事なのは，基準を示すことです。物差しには目盛りがあります。それは「納得解の物差し」も同じです。目盛りが基準ということです。この基準は明確にあります。

　国語であれば，教科書の叙述を根拠とし，自身の経験を理由として登場人物の気持ちを説明できているか。算数であれば，どの計算が早く，あるいは正確に，あるいは簡単に解けるか，などです。「納得解の物差し」にも，そうした教科の学びに即した基準が必ずあります。そうして，その基準に照らし合わせて，どれくらい自分が納得したか判断できるようにします。

　私自身，「この問題には正解がありません」と言ってすべての考えを同列に扱ったり，本当は正誤がある問いをそのひと言で片づけてしまったりしたこともありました。教師が教科の専門性を高めていないばかりに，示すべき基準が分からなかったのが原因です。その結果，輝いていた子どもたちの意見はくすみ，教科の学びも深まることはありませんでした。

　だからこそ，納得解という新しい物差しを提示するからには，教科の専門性を高めて，その目盛りの基準，測り方まで教師が理解したうえで，子どもたちに手渡すことが大切だと言えます。

　加えて，納得解を話し合える土壌には，聴き合える，話し合える，認め合える肯定的な学級風土があることも念頭に置く必要があります。

⭑ POINT ⭑
- 「納得解」という答えの在り方を伝える。
- 教科の専門性を高めて納得の基準を明示的に伝える。

（安藤浩太）

Reflection

満足から納得へ

　正解すれば満足でしょうか。間違えることは恥ずかしいことでしょうか。子どもたちが正誤に価値を置いてしまうのは，環境からの学びが大きいように感じます。正解して得られる満足感には2種類考えられます。一つは，とりあえず合っていただけだが，正解だから嬉しい。もう一つは，自分なりに考えて，納得のいく答えが合っていたから嬉しい。学びを深めていける態度なのは，当然，後者です。正解したことだけでなく，自分がどのように考えたのか，納得のいく考えを持てたのかを大切にしていきたいものです。

比べて見えてくる教師の在り方

　二つの事例を比べてみることでより明確になったのは，子どもの「今」を受け入れるという教師の在り方だと感じます。状態を受け入れ，認め，原因を探り，必要な手立てを講じる。シンプルですが，とても大切なことです。その子への理解・共感もなく，すべてを否定するのではどんなに必要な手立てであっても決して響いてはいかないでしょう。そういった隠された下支えがあるからこそ，提案した具体的方法が積み重なっていきます。手立ての有効性については今回の事例でいうと，「手応え感覚」「納得感」をキーワードにして検証していくとよいでしょう。

（津留﨑勇希・安藤浩太）

土居先生のココがポイント！

真剣に考えて間違えたことを言うよりも，自分の考えがあるのに言わないことのほうが恥ずかしいことだということをクラス全体で共有していきたいですね。ただし，言うは易く行うは難しです。教師自身も，授業協議会や研究会などで自分の考えがあるときは言うようにしているでしょうか。そういう姿勢が必ず自分の実践にもつながってくるものです。そのうえで，教室では「間違えてもいい」と口にするだけでなく，実際に間違いを活かして学習が一段深まるような授業を通じて，子どもたちに「間違いは重要だ」ということを示していくべきです。

課題が早く終わり，時間を持て余している子への対応は？

　様々な子どもがいる教室では，課題の取り組み方も様々です。

　あっという間に課題を終えてしまう子どももいれば，一問一問丁寧に時間をかけて解いている子どもも，一問解くのに精いっぱいな子どももいます。理解度や速さに大きな差があります。

　しかし，早く終わったからといって自由時間にするわけにもいきません。一生懸命頑張って取り組んでいる子どもが集中できなくなってしまうからです。

　この隙間時間の在り方が影響して学級経営にヒビが入ってしまうこともよく耳にします。

　早く課題が終わった子どもたちに，どのような指導をしたらよいのでしょうか。

CASE 1　上限のない課題設定と事後のルーティン化

課題が終わった後の理想の子どもの姿とは

　私が日頃から学級経営で大切にしていることの一つに「自分で考えて行動する力を育む」ことがあります。教師に言われた通りに行動する子どもではなく，目的を理解し，それに合った行動を自分で考えられる子どもに育てたいものです。したがって，課題が終わった後「先生，次，何をすればいいですか」と聞く姿は理想的ではありません。「先生，〜のために○○をします」と聞く，もしくは聞かずとも取り組む姿を目指しています。そのために有効な手立てを二つ紹介したいと思います。

始まる前に終わった後のルーティンを子どもたちと考える

　終わるタイミングにばらつきがでそうな活動前には，以下のように問いかけます。

　「早く終わった人は何をしたいですか？」

　問いかける際に，この時間での活動の目的（めあて）と，してもよいことの条件を必ず伝えることがポイントです。自分で考えて行動する力を身に付けてほしいこと，子どもたちを信頼しているからこそ一緒に考えたいことを言葉にして伝えることで，遊ぶ子にブレーキをかけることができます。特に条件においては「自分の席で」「０の声（無言）でできること」を示しています。課題に応じて異なる場合はありますが，なるべく毎回同じ条件を提示することで一貫した指導をすることができます。

　はじめの数回は，活動の終わりの数分で振り返りをし，前向きに学習に取り組めた子や工夫して学習を進めることができた子を価値づけます。それらを繰り返す中で，画用紙に早く終わった人の活動リストをまとめ掲示しておくことも有効です。子どもたちに願いと条件を提示し，一緒に考えることで自分事として捉え，ルーティン化することができるのです。

上限のない課題設定をする

　学習レベルや意欲の低い子どもに対する手立てを考えることは多くても，よくできる子どもの学力を伸ばす活動を考えられているでしょうか。よくできる子どもがさらに学び続けられるようにするために，上限のない課題を設定しましょう。

　上限のない課題設定は，教師が課題を用意するのではなく，子どもが課題を見つけたりつくったりすることが重要です。そのために教師は子どもに課題を与えるのではなく，声かけをします。

　「自分で新しい問題をつくってみよう」

　「○○な人向けに問題をつくってみよう」

　「苦手な人に説明するとしたら，どのように説明したらよいかな？」

　問題をつくる場合には，つくって終わらせるのではなく，朝や帰りの会，クラス掲示コーナー，学級通信で紹介したり，つくった人同士で解き合ったりする時間を設けるとさらに意欲が向上します。

　また，あまりにも子どもの活動が早く終わり，時間を持て余してしまう場合には，課題を見直す必要があるため，学級の基準となる子どもを数名決めてよく観察し，手立てを考えることも効果的です。

≫ POINT ≫
- 活動後のルーティンを子どもたちと一緒に考える。
- 上限のない課題設定をする。

（竹下志穂）

授業課題に沿った活動をする

　手持ち無沙汰な時間をつくらないことは，学級経営上大切なことです。そのために課題を終えた子どもから読書などをさせる工夫が必要です。

　ただし，その活動は子どもたちにとってよりよいものであってほしいものです。課題が終わった後の時間も授業の一部です。そのために大切なのが，「その教科，その単元，その課題に沿った学習を前提に活動を考える」ことです。何をすれば学習にもっと興味を持てるかな，定着するかな，さらに深まるかな，と考える子どもたちにとって，よりよい発展学習になります。

「問題づくり」は個々に合わせて活動できる

　そのための課題として，ここでは「問題づくり」を紹介します。私自身，問題は解くよりもつくるほうが難しいと感じます。課題に合った問題，難易度を調整した問題，深く考えられる問題などをつくろうと考えれば考えるほど，その学習課題について深く知っておく必要があります。これまでにも教育現場で「作問学習」として実践されていました。平嶋（2019）も，「問題をつくること」が「問題を解くこと」よりも問題やその解法に対するより深い理解を必要とし，より大きな学習効果を見込めると先行研究を踏まえて述べています。

　私が実際に取り組んでみて，問題づくりにはメリットが3点あります。

①個々に合ったレベルで取り組むことができる

　余裕をもって終わった子，何とか終わった子とその現状は様々です。その子どもたちが自分に合ったレベルの問題づくりを選べることも魅力の一つです。

　レベル1：教科書やプリントを見て，数字や言葉を変えてつくる。

　レベル2：問題の内容，形式，問題数など自分で考えてつくる。

　レベル3：対象を絞ってつくる（得意な子，苦手な子，復習したい子など）。

右のようにプリントの型をつくっておくと，誰もが取り組みやすくなります。レベルが高い内容を目指してつくっていると自然と学習が身に付きます。また，友達と解き合う活動をしてみても学習課題と向き合うことができます。

②どんな教科でも活用できる

　真っ先に思いつくのは算数ですが，他にも国語，理科，社会と様々な教科で活用できます。

③ICT との相性がよい

　問題は，紙に書いても ICT でもつくれます。問題の形式によっては ICT のほうがつくりやすく，解きやすいこともあります。フォームなら解答設定ができ，採点が自動でできますし，スライドと一問一答も相性がよいです。

　子どもがつくったプリントは，黙々と教科書を見返したり，調べたりしてその学習に一生懸命向き合った証です。それらを綴じて問題集にまとめたこともあります。積み上げた成果が見え，達成感を得られる実践です。

参考文献：平嶋宗（2019）「作問学習に対する知的支援の試みと実践──組立としての作問および診断・フィードバック機能の実現──」『科学教育研究』43(2)，pp.61-73

〟POINT〟
- その学習に合った課題を考える。
- 個々に合わせた問題プリントづくりで。

（三浦史聖）

Reflection

子どもを信頼して任せる指導を

　課題が早く終わった子に対して新たな課題を与えることは，教師の負担が大きいと同時に，子どもの考える機会を奪ってしまうことになります。一方で，子どもの意見を何でも取り入れてしまっては学級が落ち着かなくなる要因をつくることにもなります。何のための時間なのかを明確に伝え，学級ルールの中で自由と責任の伴う活動を考え，実践させ，ルーティン化するまでは振り返ることも大切です。また，子どもたちの実態によっては，はじめは教師が提示した課題の中から選ばせ，約束を守って取り組めたことを価値づけた後，子どもに「課題が早く終わったらやってみたいこと」を募るのも有効です。単なる課題後の活動を考えるのではなく，よりよい学級経営や育てたい子ども像にもつながると考え，声かけをすることが重要です。

紙での問題づくりは自由度が高い

　問題をつくることへの意欲が高まり，より高いレベルの問題をつくろうとすれば，自然と学習への意欲と理解も高まるので，相乗効果がある実践です。

　意欲を高めるための一つとして，自由度の高い紙での作成をオススメします。自由度が高ければつくることも難しいのですが，問題の内容以外にもプリント全体のデザインやレイアウト，挿絵，問題数など工夫できる要素が多く生まれます。要素の多さを「楽しそう」と思えれば，自然と問題づくりに夢中になっていきます。子どもたちの意欲継続を優先して，徐々に内容の進歩を図るようにしていけます。

（竹下志穂・三浦史聖）

> **土居先生のココがポイント！**　理想は，課題に「幅」を持たせて学習が得意な子もそうでない子も全力で取り組んでいけるものにするべきです。そうすると，この「課題が早く終わったら早い子が暇になる」という問題は解消されます。学習が得意な子ほど課題にこだわり，終えるのが遅くなるからです。「時間差」を前提とせず，どうすれば「学習が得意な子がこだわって，遅く終わるような幅のある課題にできるか」という視点で考えると道が開けるかもしれません。

みんなと同じペースだと 取り残されてしまう子には？

　授業をしていると，様々な子どもたちの姿が見えます。その中でも特に気になるのが，クラスのほとんどの子と同じペースだと追いつけず，取り残されてしまう子たちの存在です。

　とても一生懸命に取り組むその子たち。けれど，教師が設定した時間だと課題が終わらず，仕方なく途中で終わりにして次の活動に進んでしまいます。かといって，その子たちのペースに合わせてしまうと他の子たちが手持ち無沙汰になってしまいます。

　その子たちも時間の中で課題を終えることができ，達成感を持てるような工夫はないのでしょうか。

CASE1　課題の細分化・単純化と加点式評価

問題の原因は子どもか？教師か？

　「みんなと同じペースだと取り残されてしまう子がいる」といった課題は，教師であれば誰しもが直面する課題なのではないでしょうか。教師は学習課題に対して「10分時間をとります」と時間を提示したり，「何分ぐらい必要かな？」と言って子どもたちと一緒に時間を決めたりします。そして，終わりを知らせるタイマーをスタートさせます。しかし，タイマーが鳴り始めたとき，「まだ時間が足りません」という声や，課題が終わらず書き続けている姿を目にするはずです。

　時間内で課題を終えられなかった子どもたちに原因があるのでしょうか。それとも，教師の設定した時間が短すぎたのでしょうか。

　そもそも，前提が間違っている，と考えるべきです。ある課題に対して，全員がピタリとある一定の時間で終えられるような状況はまずありえません。一見取り残されてしまう子だけ目立ちますが，問題の根本はそうではありません。5分で終わらない子もいれば，5分ピッタリで終わった子もいるし，2分で終わってしまって，時間を持て余している子もいます。「みんなと同じペース」というものがそもそもない，そのように教師が認識することが大事です。

　その認識に立つと，課題の出し方が変わってきます。私は，一人一人が自分のペースで満足いくまで取り組めるように，「課題を細分化・単純化して，加点式にする」といった工夫を行っています。

「課題の細分化」と「課題の単純化」，そして加点式

　例えば，「教科書○○ページに取り組む」といった課題があるとします。

　この課題で学習速度に大きな差が出てしまうのは，大量の練習問題が一つの課題として提示されていることに原因があります。達成しないといけない大きな課題を一つつくるのでなく，課題を細分化し，小さな課題を積み重ねていくようなシステムにするとよいでしょう。教師は子どもたちの学習に関

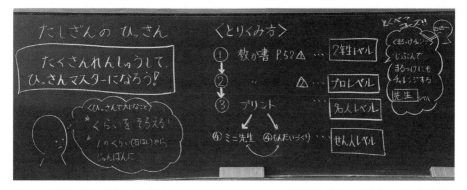

して，質と量の両方を求めがちです。しかし，学習速度には当然個人差があ
りますから，質は保障しつつ，量の調整によって指導の個別化を図るとよい
でしょう。例えば，国語や算数で練習問題に取り組むとき「わんこそば」のよ
うなおかわり形式で取り組むことで，子どもたちの意欲も高まっていきます。

　同様に，「○○のときの登場人物の気持ちは何か（国語）」「たしざんの文
章の問題をつくろう（算数）」なども課題が複雑です。例えば，「この場面で
の登場人物の気持ちはプラス？マイナス？」のように単純化し，自分の考え
をすぐ答えられるような課題にして，「理由をいくつ書けるかな」と，書け
た理由の数だけ加点式にし，「レベル1は教科書の言葉から理由を見つけて
いる」などと理由のレベルを明示的に示すのも手です。

　上記の課題は「この場面での登場人物の気持ちはプラス／マイナス」と答
えることで課題を終えていることになります。後は，理由を書いた分だけ加
点式で「できたこと，分かったこと，考えたこと」が積み重なっていきます。

　そうすることで，時間の中で質を重視した考えるべき問いに取り組みつつ，
量で学習速度を調整することができるというわけです。

⟍ POINT ⟋

- 課題の質を保障したまま細分化したり，単純化したりする。
- 書けたら加点式で評価していく。

（安藤浩太）

「遅れないこと」より大事なこと

　学級のペースから遅れるのには原因があります。書くスピードが遅いこともあれば，課題の難易度がその子にとって高すぎることも。原因は複数あれど，「その子が生き生きと授業に参加する姿」を目指すことが重要です。

自由進度学習という選択肢

　自由進度学習は，自分で学習の方法やペースを決めて取り組む学習形態の一つです。算数や理科のように，学習に取り組んだ結果，答えが明確に出るものが向いているでしょう。

　実際に技能教科では，自由進度学習に近い学びを展開しているはずです。例えば，体育の跳び箱ならば，自分の課題に合わせて練習する場所を選び，友達と教え合ったり，補助し合ったりしながら「美しく跳ぶ」という目的に向かって学習をすることが多いです。音楽の楽器演奏なども同じ流れをイメージできるのではないでしょうか。これは，技能教科に，ある程度の「正解」となる表現が存在するからです。ゴールが分からないものだと，目的に対する手段を選ぶことが難しくなります。

　算数でイメージしてみましょう。私の場合，答えの写真をタブレットで配布し，教科書を進めながら，自分で丸付けをさせています。

【手順】
①教師が学習の手引きを作る

　子どもが学習の仕方で迷わないようにするためのものです。単元の流れや時数，教科書のページ数など，全体が見渡せるようなワークシートを用意します。学習活動欄には，ノートに何を書き込むか指示を書きます。終わったら，指定のページ数を終えるたびに教師のチェックを受けるようにします。

学習活動　算数「ならした大きさを考えよう」全7時間

回	学習活動	教科書	チェック
1	全員で取り組む	P20から22	
2	①□の問題をノートに書き，少し自分で考えてみる	P23	
3	②めあて（葉っぱのマーク）を読む（ノートには書かない） ③青丸の答えをノートに書く（問題はノートに書かない）	P24，25	
4	④答えプリントを見て自分で答え合わせをする ⑤まとめ（クローバーのマーク）をノートに写す ⑥練習問題（木マーク）に取り組み，答えプリントを見て答え合わせをする。（問題は書かない）	P26，27	
5	全員で取り組む	P27再	
6	テスト		
7	テストのやり直しと復習		

②学習の進め方を手引きを使って説明する

　手引きを配布し学習の進め方を説明します。この際，「テストで〇点をとる」などという目標を設定させます。この目標に自分で辿り着くように，ペースと方法を考えるように伝えます。目標の立て方は教科によって様々です。目標点数を設定させるときもあれば，学習問題を教師が設定する場合もあります。体育等だと，個人の課題を考えさせたり，選ばせたりすることもあります。

③実際に取り組む

　ペースについては，計画表を見ながら最後のテストの日までに終わることが目標となります。学習方法については，一人で進めるのか，友達と相談しながら進めるのか選ぶことを繰り返します。授業時間の中で，どのような形に変わろうと，目標の達成を目指しているのならば自由です。

　一斉授業で個別に対応するにしても，自由進度学習のような学習形態を取るにしても，その子が授業にどのように参加してほしいのかを忘れないようにしたいものです。

⟋⟋POINT⟋⟋

- 「生き生きとした姿」を目指す。
- 自由進度学習という学習形態を選択肢にもつ。

（津留﨑勇希）

Reflection

自分のペースをつくるためのステップを

CASE 1 についていえば，課題を解決する際には，大人でも細分化・単純化しており，子どもたちにとって，これは簡単なことではありません。なぜなら，細分化・単純化の経験が子どもたちには少ないからです。

だからこそ，教師がその子の学習状況をしっかりと見取り，必要な手立てを打つ必要があります。その一つが，細分化・単純化です。もし，教師が粘り強くこの方法を教え，経験を積ませるなら，子どもたちも他の学習で応用を利かせるようになるでしょう。子ども自身が，自分でステップを踏んで進めるようになるための手立てが，どんなときでも必要だと思います。

比べて見えてくる，教師の在り方

二つの事例を比べてみることでより明確になったのは，子どもの課題を見取り，要因を幾重にも探り，適切な手立てを講じることの大切さでしょう。

その中には，自身の未熟さゆえに適切な方法を知らないといった教育技術的な課題が一つ挙げられます。加えて，教育の常識とされていたことを疑わず，どの子にも通ずるものとして当てはめようとするといった教師の在り方としての課題もあるでしょう。そこを打破して，目の前の子たちにによりよい方法を追究していく。そのためには，教師自身が学び続けることも大切ですし，その子の課題に真摯に向き合い，丁寧に見取り続けることが何より大切です。

（津留﨑勇希・安藤浩太）

土居先生のココがポイント！ すべてを皆と同じペースで進めさせようとすること自体が厳しいと思います。足の速さも書くスピードも，頭の回転も一人一人が異なります。もちろん，全体で押さえないといけないときもあるでしょうが，できる限り，自分のペースでやらせるようにしていくことが重要です。学習のペースを自己決定させるのです。自己決定する→取り組む→振り返るという繰り返しをしていくことで，子どもたちは自分の学習をつくっていくことができるようになります。

学習の誤りを効果的に気付かせる方法は？

テストの採点をして，がっかりすることがあります。ちゃんと授業で教えたのに，この問題も間違えている，この問題も……。

テストの前に，子どもの学習の誤りに気付かせることができていれば，こんな結果にはならなかったはずです。どうすればよかったのでしょうか。 授業の中で，誤りを効果的に気付かせる方法はあるでしょうか。

間違いの気付かせ方のバリエーションを持つ

教師の「つもり」は意外と児童に届いていない

　自分がしっかり教えたつもりでも，テストを行うと「こんなに間違えた子がいる！」「こんな内容まで出るのか，押さえが甘かったなあ」と感じることがあります。間違いの多かった箇所を指導しても，子どもの関心は，どこを間違えたかより，「何点取ったか」にあるため，自分事にならず，知識の定着も曖昧なままということも多いです。

教師が事前確認を行う

　単元の学習に入る前に教師が問題を解いたり，テストの内容を確認したりして，子どもが間違えやすいポイントを把握しておきます。「概数で人口密度を求める問題も出るのか，単位にも注意して指導するようにしよう」「理科の発芽の実験，冷蔵庫を使ったけど，テストでは冷蔵庫が出てきてないな。ドアを閉めると暗くなって日光が届かなくなることを確認しておこう」などと，教材研究を行うことで，授業の際に，強調して子どもたちに指導したり，復習問題を出したりすることにつなげることができます。

　子どもにもいろいろなタイプがいます。一度で身に付く子もいれば，何度も繰り返すことで知識が定着する子もいます。つまずきやすいポイントを確認するとともに，子どもたちに合った指導法を組み合わせることが大切です。

　また，テストの前に子どものノートやプリントなどを確認する機会を多く設け，子どもたちの状況をよく見取ることが大切です。定着が曖昧な子には「この問題やってみて」と類似問題を出したり，授業の初めに全体で確認したりして，つまずきが解消できる機会を意図的に設定するようにします。

間違いの気付かせ方を工夫する

①クイズ形式

　朝の宿題チェックを通して，新出漢字の間違いを把握しておき，教師が黒板に間違った漢字を板書します。そして「これって合ってますか？」と聞き，

間違いに気付いた子に黒板に正しい答えを書いてもらいます。クイズ形式にすることで，子どもたちは真剣に間違いを探すようになります。また，班対抗でミニホワイトボードに書いて行うのも，子どもたちにとって刺激になるようです。普段は適当に漢字を書く子も，周りの友達に影響を受け，意欲的に取り組む姿が見られました。

②吹き出しツッコミ方式

　算数の小数の筆算の場面で，間違いに気付いたら，吹き出しの中に，ツッコミ形式で間違いを指摘する台詞を書き込ませます。やり方を理解すると，友達同士で見せ合うのが面白いらしく，子どもたちは，個性豊かなツッコミをノートに書くようになりました。単純に「間違っているところを発表しましょう」

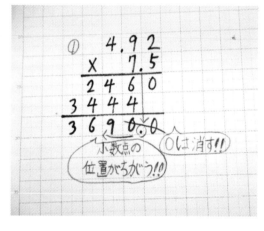

と指示していたときと比べ，手立てを工夫することで，子どもが楽しみながら，間違いに気付くことができるようになりました。

（石澤　智）

予防と修正

　子どもの学習における誤りを減らすために，予防と修正の二つのアプローチが考えられます。授業での個別学習の場面と協働学習（ペア・グループでの学習）の場面に分け，予防と修正の観点から考察してみましょう。

個別学習の場面

　学習課題を全体で確認し，子どもたちが個別に学習している場面です。机間支援で動く際，教室の端から機械的に回りながら，学習を苦手としている子に特に注意を向けます（机間支援の動き方

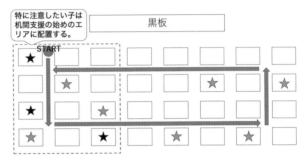

特に注意したい子は机間支援の始めのエリアに配置する。

黒板

★学習を苦手とする子　★特に注意したい子

を統一し，早めに声かけができるように席の位置を工夫するとよいです〔図参照〕）。苦手とする子も課題を理解し，順調に取り組めているなら，教師の指示や説明がうまくいった証です。困っている様子なら，小声でもう一度指示や説明をするか，ヒントを与えることで学習の誤りを予防します。限られた時間内での支援になるので，短く簡潔にできるとよいです。例えば，算数なら「今日は三角形の面積を求めるんだよね。三角形は四角形の半分だね」「平行四辺形のときはどのように面積を求めたのか覚えているかな」などです。子どもの反応を待っていると時間が足りなくなってしまうので，声かけをしてすぐに次へと移動します。机間支援の２周目で，子どもたちの解答を把握したり，「なるほど！」「詳しく書けているね」など励ましを送ったりしながら，学習の誤りがないか確認し，あれば修正します。個別に声をかけて誤りを指摘してもよいですし，全体に投げかけたいときは「みんな，ちょっといいかな」と動きを止めてからヒントを与えます。「三角形の面積の求め

方を説明するのに，前に学習したことを活かせるといいよね？　そう，平行四辺形の面積だね！」と，説明をするとよいでしょう。

協働学習の場面

　協働学習の場面での予防的アプローチは，子ども同士で学習の誤りに気付いてなおせるように指導することです。安心できる環境づくり（「話し合いの指導の仕方が分からない」p.23参照）とペア・グループ活動の実践（「授業で子ども同士をどうつないだらいい？」p.29参照）と並行して，例えば次のように子どもたちに伝えます。

　「『友達と協力して学ぶ』というのは，対話してお互いの考えやアイデアをよりよくすることです。ですから，友達の意見を聞いてそれで終わりではなく，自分の意見と似ているところや違うところはあるかなと考えたり，友達の考え方や出された答えは合っているかなと確認したりすることが大事です。もし，友達の答えが間違っているかも……と思ったら優しく声をかけてみましょう。『ここが違うと私は思ったんだけど，どうかな』みたいにです」

　子どもの良い行動を見つけたら価値づける言葉がけをすることを忘れずに。それでも子どもたちは，自分たちで気付かないまま間違えてしまうこともあります。ですので，協働学習の場面でも教室内を回り，子どもたちの様子をよく観察します。誤りを見つけて個別に指摘する際は，子どものやる気をなくさないように，「ここが底辺だとすると，高さはここでいいのかな」「公式では底辺×高さの順番だったね。君たちが書いた式はどうかな」などと問いかけるのがよいでしょう。全体に投げかけたいときは，個別学習同様，一度全員の動きを止めてから問いかけるとよいです。

⇘ POINT ⇗
- 予防と修正の二つのアプローチがあることを理解する。
- 個別学習と協働学習の場面で，予防と修正のアプローチを実践する。

（高橋正明）

Reflection

〈CASE 1：石澤実践について　クイズやツッコミで楽しく学ばせる工夫〉

　「勉強」には固いイメージがあります。「クイズ」や「ツッコミ」は子どもたちにとって楽しいイメージを湧かせるでしょう。石澤氏の提案は，子どもたちのやる気を引き出し，楽しく学ばせる好例だと感じました。学習指導に限らずあらゆる教育実践において，子どもの立場であったらどう感じるか・どのように考えるかなど，子どもの目線に立つ教師の想像力が求められるのだと思います。(高橋)

〈CASE 2：高橋実践について　子どもの困り感やつまずきをいかに把握するか〉

　子どもの間違いに気付かせ，一人一人に確実に知識を定着させたいという思いはあっても，一人の子にかかりきりになってしまい，時間が足りなくなる，という事態は起こりがちです。高橋実践にある，

- ・机間指導の際，機械的に回るのではなく，個別支援が必要な子どもを重点的に回る（座席配置から工夫する）
- ・一度の指導は短くして，複数回机間指導を行う

という方法で支援を行えば，子どもの間違いを効率よく指摘できます。また，教師が子どものつまずきを把握し，場面（個別，全体），対象（教師，友達，自分）と使い分けて指導することの重要性を改めて感じました。(石澤)

(高橋正明・石澤　智)

土居先生のココがポイント！　自分の誤りに気付くことは，メタ認知も関わってくるので実はかなり難しいことです。我々大人も，その行為をしているときに自分の誤りに気付き修正していくのは意外と難しいのです。テストなら「このテストで絶対にいい点をとりたい！」「早くテストがしたい！」というような子どもの状態に，事前の指導でもっていくことが結局は一番の解決策です。それくらいのモチベーションになっていれば，軽いミスや解き忘れなどはなくなります。

どうすれば全員参加の授業ができるの？

　「個別最適な学び」「協働的な学び」「主体的・対話的で深い学び」
——時代の変化とともに，教育の在り方も変化しています。しかし，共
通していることは，「すべての子どもに力を付ける」ということです。
特定の子だけが主体的になればいいわけでも，話すことが得意な子だけ
が対話をするわけでもありません。「個別最適な学び」は，子どもたち
全員がそれぞれに合った学習方法で学力を付けることを目指しています。

　小学校の６年間は，基礎となる学力を形成する大切な期間です。それ
は知識だけではなく，学びに向かう態度も含まれています。学ぶことの
楽しさ，他者と協力することの達成感，これらを味わうことが，その後
の人生に活かされるからです。

　だからこそ，「全員が授業に参加する」ことを目指したいのですが，
実際は，手を挙げる子がいつも同じだったり，あまり授業に参加しない
子がいたり……と悩みます。どうしたら，全員参加の授業ができるので
しょうか。また，何を大切に取り組んだらいいのでしょうか。

挙手制からの脱却

　前頁にもあるように，全員が参加していない授業風景を思い浮かべたとき，どうしても「いつも同じ子が発言している」「授業への意欲が低い子がいる」というところを思い浮かべてしまうのではないでしょうか。それは，授業に参加しているかどうかの指標が，子どもたちの挙手や発言の多さになっているからです。確かに挙手や発言をすることは授業に参加している指標の一つです。

　しかし重要なのは，挙手をしている子どもたちの多くは「授業内容を理解している子どもたち」だということです。理解している子どもたちばかりに教師の意識が向き，その発言をもとに授業を進めてしまうと，本当は理解していない子や指導が必要な子を取りこぼしてしまうことにつながってしまいます。

　また，「手を挙げなければ当たることもない」といった他人任せの雰囲気を生むことにもつながってしまいます。授業の根幹である学力形成をするためには，子どもたち全員が授業に参加すること（ただ座っているのではなく意欲的・積極的に，という意味での参加）が大前提です。挙手制だけではない方法で，全員参加する方法を持つことが大切です。

カギは"当事者意識"を持たせること

　とは言っても，全員が参加意欲を持つことはとても難しいことです。私たち教師も，会議においてすべての議題に対して意欲的になれるかといったら難しいと思います。しかし，もし多数決で自分の意見を決めなければならないとしたら，その内容を吟味し，立場を決めるようになるのではないでしょうか。子どもたちにも同じように，自分の立場を決めさせると"当事者意識"を持つことにつながると考えています。

　例えば，物語文に出てきた登場人物の中から「自分が一番重要だと思う人物は？」を考えさせます。そしてその考えを共有したとき，「どうしてそれ

を選んだの？」「だってね……」といった子ども同士の対話が生まれてくるのです。

　このような子どもたちの考えは，挙手以外の方法でも見取ることができます。野口（2018）は，発言には4種類あると述べています。声に出して語る「音声発言」，ノートに書き出される「ノート発言」，感情が表情として表れる「表情発言」，そして音読によって子どもの理解レベルが明らかになる「音読発言」です。

　前述したような立場を決めさせる発問を投げかけたとき，まずはノートに考えを書かせることで，子どもたちは自分の考えを表明することになります。そして教師は，クラス全員の考えを把握することができるため，子ども同士の考えの違いや少数派の意見にも焦点を当てて授業を展開することができるのです。

　このように，対話や討論を引き出すには子どもたちの考えが分かれる発問が必要です。指導事項と照らし合わせながら，根拠をもとに自分の立場を明確にできる発問を考えていきましょう。

参考文献：野口芳宏（2018）『野口流　どんな子どもの力も伸ばす　全員参加の授業作法』学陽書房

〞POINT〞
・挙手だけではない方法で全員参加の授業を目指そう。
・子どもたちが“当事者意識”を持てる発問を考えよう。

（長田柊香）

全員参加の授業で大切なこと

　授業者としての理想の授業像，それはどんな授業でしょうか。班活動になれば活発に意見交換をする姿，つぶやきが多く積極的に対話をする姿，書くときは集中して取り組む姿などが挙げられます。しかし，これらはどれも，授業に参加しているからこそできることです。授業に参加していない子どもたちが多いと，このような姿を目指すことは困難になります。「理想の授業」をするためには，子どもたちの授業への参加率を上げ，全員が参加をしている時間を少しでも多くつくることが必要です。

　では，全員参加の授業で大切なことは何でしょうか。私は，自分の立場を表明できる場があるかどうかだと考えます。自分の考えを表明し，お互いに意見を知ることから全員参加の授業は始まります。もし，そこに考えのズレが生まれれば，交流する意図も生まれ，参加をする必要性も出てきます。だから，自分の立場を表明することが重要なのです。立場を表明するための手立てとして，私は授業の導入を工夫するとよいと思います。

導入の工夫

　導入の工夫のポイントは二つあります。

　一つ目は，発問を二者択一にすることです。例えば，「ＡとＢではどちらが〇〇だろうか」というように問うと，どの子も選ぶことができます。いきなり考えを書くより，選ぶことのほうが学習の難易度は低くなります。ただし，子どもが「実は迷っていて……」ということもあるでしょう。そんなときは，三つ目の選択肢として，「迷っている」ことも選択肢に加えてあげると，子どもたちは自分の考えを表明しやすいです。また，ある程度選ぶことに慣れてきたら，「どうして迷っているのかな？」と問うことを起点として学習を展開することも可能になり，自然な形で学習に入ることができます。

　二つ目は，前時の復習から導入を行うことです。毎時間，二者択一の発問から学習に入ることは適切ではありません。例えば，算数の計算単元であれ

ば，前時の復習問題を導入として行うと効果的でしょう。復習を行うときも，パターン化して，子どもたちが参加しやすいように工夫することも必要です。

学習者の立場で考える

　ここまで示した導入の工夫は，主に教師の引き出しを増やすという観点です。逆に，子どもの困っている姿を想定した手立てをご紹介します。「自分の考えを書くことができない」などの子どもの実態が考えられますが，そのような場合，次の二つの方法をオススメします。

　一つ目は，書かせる前に，自分の立場を表明させることです。挙手をさせて確認するとよいでしょう。挙げていないときや挙げ忘れているときもあるので，教師は挙げていない子どもに対しては「ＡとＢのどっち？」と直接聞くことも必要でしょう。

　二つ目は，書き方に理解が足りないか，書く内容が分からないかを教師が見極めることです。書き方が分からなければ，黒板に書き方を示すことも有効でしょう。書く内容が分からなければ，どちらの意見にしたか，例えば，Ａなら「Ａにしました」ということだけを書くように伝えます。このような子どもには，授業中に「いいなと思った友達の意見を真似して書いてもいいよ」と伝え，相手の意見を聞き，自分に合った考えを探すように声をかけます。そうすることで，子どもたちも安心して授業に全員参加できるようになるでしょう。

参考文献：長崎伸仁編著 (2016)『小学校国語 物語の「脇役」から迫る 全員が考えたくなる しかける発問36』東洋館出版社／桂聖編 (2018)『「めあて」と「まとめ」の授業が変わる「Which 型課題」の国語授業』東洋館出版社

ⵖ POINT ⵖ
- 導入の工夫をする。
- 学習者の立場で考える。

（大橋健太郎）

Reflection

〈CASE 1 : 長田実践について　当事者意識を持たせる鍵──「何を」どう問うか〉

　長田実践の中での一番のポイントは，当事者意識を持たせるために「何を」どう問うかというところにあります。国語で言えば，単純に気持ちを問う発問をすればいいというわけではありません。学習者が前向きに学習することができるような問い方が大切です。例えば，本稿にあるような「一番面白いものは何か」を問うことで根拠を自然と考えたくなるような発問の工夫が必要です。そして，周りの子どもが「どうして？」や「なんでそう考えたの？」とつぶやく瞬間が生まれることで，さらに全員参加が深まるのではないでしょうか。(大橋)

〈CASE 2 : 大橋実践について　子どもの"迷い"から全員参加へ〉

　全員参加させることは教師の役割です。それは，子どもたちの学力形成を担保することが教師の仕事だからです。

　私が大橋実践の中で素敵だと感じたのは，二者択一の発問の中で「迷っている」という選択肢をつくるということです。友達の迷いに他の子どもたちはきっと優しく寄り添ってくれることでしょう。それが自然と，全員参加の授業につながるのかもしれません。(長田)

(大橋健太郎・長田柊香)

> **土居先生のココがポイント！**　全員参加を，学習する内容のレベルを下げて全員が取り組めるようにする，と捉えてはいけません。イメージとしては，学習する内容は変わらないけれど学習活動や発問に隠された支援が入っていて，結果的に多くの子が参加できる授業をつくるという感じです。そう考えると，教師は学習内容は変えずとも学習活動や発問によって難易度を調整できなくてはいけません。同じことを学ばせるにしても，支援が多く入った授業とそうでない授業，こういう観点で授業をつくり分けていくとよいでしょう。

子どもたちが
問いを持つようになるには？

　子どもに一生懸命，できる限り分かりやすく伝えようとしています。子どもも，先生が精一杯教えてくれているのが分かっているので，頑張ってノートを書いてもいます。でも，目が輝いていません。

　子どもは，先生の説明を聞いて，板書を書き写しているだけになっていて，「自分で考える」という作業が抜け落ちてしまっているからです。

　子どもを「思考」させるためには「自分で問いを持たせる」ことが重要と考えます。問いを持てば，「これって，なぜなのだろう？」「もっと調べてみたい」と自然と思考を働かせるからです。では，どうすれば子どもは問いを持つことができるのでしょうか。

3ステップで問いを持たせる

なぜ，問いを持つことが必要か

　従来の授業では，子どもにとって問いは与えられるものでした。教師は，問いを「発問」として子どもに与え，子どもは問いを解決するために活動します。これが，基本的な授業構成の在り方でした。しかし，今の学校現場では，問いは教師が与えるものではなく，子どもが課題について考え，自ら生み出していくものと変化してきています。では，なぜこのように子ども自身が問いを持つことが必要なのでしょうか。

　それは「与えられた問いは受動的」で「自ら生み出した問いは主体的」だからです。例えば，国語の授業で登場人物の心情を考える場面を想像してください。教師が「このとき，○○はどんな気持ちだったでしょうか？」と問うても，子どもは主体的に考えようとはしないでしょう。子どもは「気持ちを考えたい」と思っていないからです。逆に，「○○は，どういう気持ちだったのかな」と子ども自身が感じれば，教師が何も言わずとも，自ら考え始めます。問いを持つことができれば，子どもは主体的に活動するのです。

　また，子どもの頃から「問いを持つ練習」をしておくことも求められるでしょう。問いを持つ力は，練習しなければ身に付かないからです。現代社会は変化のスピードが著しいです。現在学んでいることが，十数年後には役に立たなくなっていることもあるでしょう。そんな現代社会を生きていく子どもたちに必要なことは「既存の知識」よりも「自ら問いを持つ力」です。自ら問いを持つことができれば，それを解決するために行動したり，学び直したりすることができます。ですから，問いを持つことは重要なのです。

問いを持つための3ステップ

　問いを持たせるには，子どもが問いをつくる活動が有効です。しかし，問いをつくる活動は，急にやっても上手くいきません。それは，子どもが問いをつくることに慣れていないからです。ですから，段階を踏んで，練習する必要があります。ここでは，国語の授業を例にして説明しましょう。

問いを持たせる三つのステップは次の通りです。

○ステップ１：「振り返りの中に，気になったことを書く活動」

○ステップ２：「答えが明確なものを書く活動」

○ステップ３：「答えが明確でないものを書く活動」

ステップ１は最も簡単な問いづくりです。振り返りの時間の中に，問いづくりを入れ込むのです。例えば，子どもが振り返りを書くときに教師が「今日の学習で，気になったこと，不思議に思ったこと，もっと知りたいと思ったことがあったら書いてください」とひと言添えます。すると，子どもはそれぞれの考えを書きます。これが問いとなっているのです。その問いを次の時間に取り上げることで，子どもの意欲を高められます。

ステップ２は，文章をよく読まなければできない問いづくりです。例えば，説明文の授業で問いづくりをするときに，「テストの問題をつくる人になりきって，問いを考えてください」と伝えます。すると「めだかが身を守る方法は何通りありますか」などの問いが出てきます。それを，次の時間に友達同士で解き合います。文章をよく読めば分かる問いなので，進んで教材を読むようになるでしょう。

ステップ３は，教師の発問づくりを子どもがする活動です。ステップ１，２を行ってきた子どもは自ら問いをつくれるようになっています。例えば，３年生の詩「夕日が背中を押してくる」で考えてみましょう。教師は「答えが明確でない問いをつくってください」と伝えます。すると「夕日が，真っ赤な腕で押してきたのはなんでだろう？」というような問いができます。それを次の時間で取り上げるのです。従来のように教師が発問として問いを与えずとも，子どもの持つ問いによって授業が成り立ちます。

＼ POINT ／

- 問いを持つ力を授業を通して身に付ける。
- 問いを持つ楽しさを感じさせる。

（山本裕貴）

教師自身が学びのモデルになる

問いの分類と特徴を理解する

　子どもに問いを持たせようとする前に，教師が問いについて理解しておくことが必要です。問いはクローズドとオープンの二つに分かれます。前者は端的に一つの回答が出される問いであり，後者は回答の範囲が広くなりやすいものです。「６Ｗ１Ｈ」も合わせてまとめると次のようになります。

クローズド・クエスチョン	オープン・クエスチョン
いつ・どこで・誰が・何を (When・Where・Who・What)	なぜ・何のために・どのように (Why・What for・How)
例「夏休みに，**どこへ**行ったの？」 　「軽井沢だよ」	例「**なぜ**，軽井沢へ行ったの？」 　「軽井沢は比較的涼しくて過ごしやすいし，家族みんなで毎年行くのが恒例になっているからね」

　発問したり学習課題を提示したりする際，子どもに端的に答えてほしい場合はクローズドを使い，広い視点での考えを引き出したいときはオープンを使います。教師が問いの特徴を自覚し，授業で意識的に使い分けることが，子どもにとっての学びのモデルになります。子どもたちが授業を通して「問い」に継続的に触れ，やがて自立し，自ら問いを持てるようになるのが理想です。

「問いと応答の経験」を積む

　学習の理想は，思考を働かせて問いと応答を繰り返すことで知識を構成し，知識をもとに意味や価値について考え，物事に対する見方や考え方を豊かにすることです。子どもが自ら問いを持つようになるには，授業を通して「問いと応答の経験」を積むことが求められます。小５の社会科「これからの食料生産とわたしたち」の単元を例に考察してみましょう。

　「日本の食料生産はどのような状態なのだろう」という問い（学習問題）が初めの課題です。資料を見せながら「どこの国から何を輸入しているかな？」「いつから自給率が下がり始めたかな？」といった補助的な発問も状

況によっては使います。日常の食べ物の多くを様々な国からの輸入に頼り，食料自給率（カロリーベース）は約38％である事実を子どもたちは知ります。問いに対する応答（まとめ）は「日本は様々な食料を外国からの輸入に頼っていて，食料自給率は約38％の状態である」となります。クラスの中で一人は「なぜ日本はこんなに輸入に頼っているの？」「食料自給率が他の国と比べて低いのはなんで？」と声を発するでしょう（誰も反応しなかったら「疑問に思ったことある？」と促します）。ここで問いを持った子を称賛し，「なぜ」と問うことの価値を共有します。「疑問を問いの文にしてみよう」と声をかけ，問いづくりの練習をさせます。こうして，「なぜ，日本の食料自給率は他の国と比べて低いのだろう？」という新たな問い（学習問題）ができ，それに対する新たな応答（まとめ）が生まれます。学習を重ねる中で，問い（学習問題）と応答（まとめ）はセットで，学習のプロセスは問いと応答の繰り返しであることを子どもたちに伝えるといいです。社会科では「いつ・どこで・誰が・何を・どのように」という問いで社会的事象の事実（事実的知識）を把握させ，「なぜ」という問いで社会的事象の因果関係や構造的な仕組み（概念的知識）を捉えさせます。学習の流れが「どのように（事実）⇒なぜ（理由）」であることに気付いた子を学びのモデルとして紹介すれば，子どもたちは少しずつ自分で問いをつくれるようになります。他の教科も，形態は違いますが「問いと応答の経験」です。問いの特徴を活かして発問や学習課題をデザインし，問いづくりや応答の仕方を練習する場を授業で設定することが重要です。

↘ POINT ↙

- 問いの特徴を理解して授業で使い分け，教師がいい学びのモデルになる。
- 問いづくりや応答の仕方を練習する場を授業で設定する。

（高橋正明）

Reflection

〈CASE 1：山本実践について　自ら問いを持つ子を育てる〉

　山本実践では，自ら問いを持つ子を育てることに触れていました。子どもたちが「自立した学習者」として生きるために重要な視点だと思います。人間は本来誰もが自然と「問い」を持つ存在だと考えます。特に，低学年の子どもたちは「これ何？」「なんでこうなるの？」「どうすればいいの？」と，果敢に大人に質問してきます。自ら問いを持つ子を育てるというのは，子どもたちが根源的に抱いている学びへの意欲をより活性化させることなのかもしれません。（高橋）

〈CASE 2：高橋実践について　「問い」と「応答」の経験を意図的に積ませる〉

　子どもに問いを持たせるためには，教師が問いとは「どのようなものであるか」について理解しておくことが必要です。問いをクローズドとオープンの二つに分類し，具体例も書いてあるのでイメージがしやすいです。

　高橋実践では，問いのみではなく，応答にも着目しています。問いは単体ではなく，学習プロセスの一部です。子どもが「問いを持っておわり」とならないために，授業においてとても大切なことです。（山本）

（高橋正明・山本裕貴）

> **土居先生のココがポイント！**　子どもたちに問いを出させることは重要です。なぜなら，問いを持つこと自体が学びにとって重要であるとともに，子どもから出されるということはそれが子どもたちの実態に合った問いでもあるからです。ただ，子どもが出してくる問いの質を高めていく指導もしなくてはなりません。そのためには，問いをもう一度見つめ直させ，みんなで追究するに値する問いについて考えさせたり，教師から良質な問い（発問）を出したりすることで徐々に質も高まっていきます。

子どもがつまらなそうにしている

授業でいつもつまらなそうな顔をして，やる気があまり感じられない
Ａさん。窓の外をぼんやり眺めたり，時にノートを覗くとほとんど何も
書いていなかったり。テストの結果もあまりよくありません。

そういえばＢさんも，いつもつまらない顔をしています。Ｂさんはテ
ストの結果は悪くありませんが，授業中は一人で淡々と課題をやってい
て，つまらなそうです。

クラスのメンバー全員が目をキラキラ輝かせて，熱心に話を聴いて，
楽しそうに友達と議論する……そんな活気のある授業をしたいのですが，
ノッてきてくれなかったり，つまらなそうな顔をする子どもには，どう
したらよいでしょうか。

つまらないと言わせない教師の学びを

なぜつまらないのか？

　あなたの学級でつまらなそうにしている子どもがいるのであれば，まずはその理由を探ってみましょう。その子に直接尋ねるのは勇気がいることなので，自分で授業風景を撮影して分析する，他の教員にお願いして授業を見てもらう，など様々な方法があると思います。「内容が難しすぎてついていけないから」「活動の内容が簡単だから」「先生の話が長いから」など，「つまらない」の根源を探ることができれば，対策を練ることもできるはずです。子ども同士の学習ペースの差に関する対策であれば，「課題が早く終わり，時間を持て余している子への対応は？」（p.89），「みんなと同じペースだと取り残されてしまう子には？」（p.95）を参照してください。このセクションでは，子どもたちが能動的に参加できる授業づくりを提案します。

トライアル＆エラーの状態をつくる

　吉田（2021）は「夢中な状態とは，トライアル＆エラーが繰り返されている状態」と述べています。つまり試行錯誤です。私も最近ゴルフを始めたのですが，まさに試行錯誤の連続です。上手く打てなかったときに「力が入りすぎていたな」と考え，修正してみる。それを繰り返しているうちに，だんだんいいショットが打てるようになり，気付けば夢中になっている……。ゴルフに限らず，スポーツやゲームには，このような試行錯誤の要素がたくさん詰め込まれています。この要素を授業にも落とし込むことができれば，子どもたちも夢中になれるはずです。例えば体育で「跳び箱を8段跳ぶ」といった自分の目標を立てさせ，現状と照らし合わせながら改善点を考える活動を取り入れたり，理科で「発芽するために必要なもの」を解き明かすために実験方法を自分たちで考え実践したりするなどすれば，子どもたちが試行錯誤しながら学びの本質に向かっていくのではないでしょうか。

すべては教材研究にあり

　一方で，実験がある理科や活動の多い体育とは違って，試行錯誤の要素を取り入れにくい教科もあります。しかし，そのような授業でも，子どもたちが夢中になる瞬間をつくり出したいものです。秋田（2014）では，「学習が深まり夢中が生まれるためには，授業における課題の質とその課題解決に取り組む展開において教材とのかかわりを深める対話が鍵になる」と述べています。つまり，閉じられた発問をするのではなく，多様な考えが生まれる挑戦的な課題を設定することが大切なのです。また，多様な考えといっても何でもいいのではなく，テキストや事物に根拠や理由があり，今までの学習経験をつなげて考えていくことが求められます。このような授業をつくるには，なんといっても教材分析が欠かせません，子どもたちの思考に寄り添い，考えを深めるための道筋を考えていく必要があります。

　教師が一方的に教えるだけの授業では，子どもたちは「つまらない」と感じるでしょう。子どもたちが自分のベストに挑戦したり，既有知識をもとに考え，つまずきや問いを仲間たちと共有しながら解決したりしていく「楽しい」授業をつくっていきたいものです。しかし，なかなかうまくいかないことのほうがきっと多いでしょう。まずは教師が，授業づくりにおけるトライアル＆エラーを楽しむことが大切なのかもしれません。

参考文献：吉田雄一（2021）『夢中がつくる学び』東洋館出版社／秋田喜代美編集（2014）『対話が生まれる教室　居場所感と夢中を保障する授業』教育開発研究所

≫ POINT ≫
- 子どもたちの「つまらない」の根源を探ってみよう。
- 夢中な学びをつくるために，まずは教師がトライアル＆エラーを！

（長田柊香）

つまらなさを生む二つの原因

　子どもがつまらなそうにしている原因は，主に二つではないかと考えます。一つは学習内容が分からず困っている場合，二つ目は学習内容は分かっているが，授業で活躍する機会がない場合です。これら二つの原因を解消するための改善策を考察してみましょう。

教師と子ども／子ども同士の良好な関係性を築く

　改善するためには，良好な人間関係をつくることが優先されます。なぜなら，勉強が分かるようになるためには教師や友達の助けが必要であり，授業で活躍するためにも他者との結びつきが必要だからです。まず教師が，子どもとの信頼関係をつくれるように，次の3点を意識して行動してみましょう。

　①笑顔・温かい態度・丁寧な言葉遣いなど，子どもを安心させる振る舞い
　②子どもの話をよく聴く（「話し合いの指導の仕方が分からない」p.23参照）
　③子どもの良い姿を意識して見つけ，様々な場面で具体的に伝える

　次に，子ども同士をつなぐ手立ては，授業でペア活動やグループ活動を導入すること（「話し合いの指導の仕方が分からない」p.23参照）や，クラス全体で学習課題の達成を目指す学習（ウォーク＆トーク，「授業で子ども同士をどうつないだらいい？」p.29参照）などを取り入れて，友達と一緒に活動する時間を確保することです。これらの取り組みを重ねることで，学習だけにとどまらず学校生活全般にわたって助け合うこと・学び合うことがクラスの方針となり，全員が安心して楽しく授業に参加できる環境を整えることができます。

学習課題の工夫

　では，良好な人間関係をもとに，どのような授業の工夫が求められるので

しょうか。「学習課題の工夫」に絞って考察してみましょう。

　授業の学習課題を設定する際，2種類に分けて考えることを提案します。一つは「難の課題」で，基礎的な知識を応用するものです。もう一つは「易の課題」で，「難の課題」に取り組む際に必要な基礎的な知識や考え方を学ぶものです。例えば社会科なら，まず「群馬県嬬恋村ではどんな野菜を作っているか」という「易の課題」を提示します。これは，資料を読み解くことで社会的事象の事実を発見するものです。次に「なぜ，嬬恋村ではキャベツやレタス，白菜などをたくさん作っているのか」という「難の課題」を提示します。これは，「易の課題」で発見した事実の背景にある理由を考えるもので，社会的事象の因果関係や構造的な仕組みを捉える論理的な思考が求められます。このように課題を「難」と「易」に立て分けることで，子どもの学習の道筋を把握し，どのような子がどの学習の場面で活躍できるか見通しを持つことができます。

　学習を苦手とするAさんは「易の課題」でも助けが必要だと想定されれば，ペア・グループ活動を取り入れたほうがよいでしょう。すると，学習を得意とするBさんも，Aさんのように困っている子を助けることで，退屈せずに授業に参加できるかもしれません。「難の課題」もAさんにとって難しいので，引き続きペア・グループ活動になります。ここでもBさんは活躍できると同時に，先に「易の課題」をクリアしているAさんも安心して挑戦できます。これは一例ですが，「易」と「難」をどのようにデザインして学習課題として設定するかが，全員が楽しく学習に集中するための鍵になるのです。

＼＼POINT／／
● まず，全員が安心して楽しく授業に参加するための環境を整える。
●「学習課題」を「易」と「難」に分けて，授業デザインをする。

（高橋正明）

Reflection

〈CASE 1 : 長田実践について　「楽しい学び」を創造する〉

　子どもも大人も，誰もが楽しく学ぶことを求めていると思います。長田氏の提案にある「夢中になる」「達成感」というキーワードは"学びたい"と願う人間の根源に迫っているように感じます。はじめに記されているように，つまらなそうにしている原因を探ることは重要です。探る過程は子どもをよく観察することであり，その子の興味や経験を理解し，どのような「問い」や「課題」を設定すればよいか，教材研究の大きなヒントを得られるからです。（高橋）

〈CASE 2 : 高橋実践について　スモールステップで達成感を〉

　高橋実践では学級内で良好な関係性を築くとともに，学習課題を「易」から「難」へと段階を踏んで設定することが書かれていました。このようなスモールステップを設けることで，授業へのハードルが下がり，また達成感を得られるのだと感じました。子どもたちが理解したことを次の学びや実生活に活かせるよう，学習を振り返ることのできるノート指導や，教室の掲示など，様々な工夫を模索していきたいです。（長田）

（高橋正明・長田柊香）

土居先生のココがポイント！　子どもがつまらなそうにしている，ということに気付き問題視することがとても重要な第一歩です。ややもすると，授業とはそういうものだと割り切ってしまいがちだからです。力ある教師の学級では，子どもたちが目を輝かせ，前のめりになって授業に参加しています。そういう授業をたくさん見て，自分の授業と何が違うのかを丁寧に分析していくことが大切ではないでしょうか。

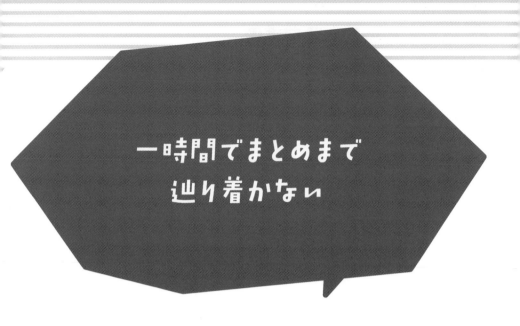

一時間でまとめまで
辿り着かない

　一生懸命に準備して，考え抜いた授業なのに，時間が足りずにまとめまで辿り着かないことがあります。まとめは，その授業で何を学んだのかを振り返る時間だからこそ，何とか授業の最後に行いたいのに……。

　まとめまで辿り着かない原因は，自分自身の計画の甘さなのか，指導技術の問題なのか，はたまた，思わぬ子どもたちの反応によるものなのか——「子どもたちの反応が良すぎて捌ききれなかった」ということもありますが，「こんなはずじゃなかった」と思うようにはいかないことも。
　授業時間内にまとめまでしっかりと辿り着くようにするには，どうしたらいいでしょうか。

45分の授業の流れを把握する

　まず，スタートが肝心です。教科書が出ていなかったり，休み時間の後，校庭から戻ってきていなかったり，プリントの印刷をしていて教師が遅くなったりなど，スタートでつまずくと，45分の授業時間が短くなってしまいます。授業開始の1，2分前には教室の前に立ち，余裕を持って授業に臨むようにしましょう。

　次にまとまりごとに時間配分を決めます。練習として一番適しているのは，「算数」の授業です。算数は，1時間で授業が完結するように構成されていて，授業の進め方も問題提示，例題，適応問題と進め方が明快なので，時間配分を意識して授業を行いやすいというよさがあります。

①授業の構成要素の分類をする

　授業の中で比較的時間配分が読めるものと，そうでないものを分類することが大切です。時間配分が読めるものとしては，例えば目当てを書く，まとめを書く，そうでないものとしては，問題を解く，などがそれに当たります。「めあてを書くのに1分」「まとめは子どもの意見を聞きつつ2分」と，時間配分を意識して書くとよいです。算数の問題を解く場面では，個人差が出てしまう可能性もありますが，

- ・教科書問題に印を付けて，自分に合った問題数を選ばせる。
- ・1問，教師がチェックした後は，AIドリルを活用し，時間を区切って行わせる。
- ・できた子どもから解答を板書し，その間に教師は個別指導を行う。

などの工夫をすれば，決まった時間内に問題演習を行わせることができます。

②授業を記録し，分析する

　授業を記録し，振り返りを行います。そうすると，「ここで，みんな解けて時間が余っているのに待ってしまった」「予定していた時間が来たけど，

理解できていない子がいたから，もう1回説明してもらうことになったんだよな。指名順を工夫してみよう」など，計画した時間配分通りいかなかった原因が見えてきます。その点を修正し，次時に，そして授業改善につなげるようにします。

③事前に板書計画をつくり，実際に板書をしてみる

　私が初任者の頃から行っているのが，あらかじめ板書をしたものを写真に撮ることです。これを行うことで，授業の見通しを持つことができ，黒板のどこに何を書いたらいいのか，一度実際に書いているので，安心して授業に取り組むことができます。経験が浅い頃は時間がかかりますし，他にもやることがたくさんあって大変ですが，自分の授業力向上にとても有効です。

　とはいえ，あまり時間にとらわれすぎると，授業がとても盛り上がったときに中断してしまったり，強引に授業を展開してしまったりして，子どもたちが熱中する機会がなくなってしまう可能性が出てきてしまいます。そこで，45分ギリギリではなく40分で指導内容は終わらせる計画で授業に臨んだり，単元を通して時間を配分する視点を身に付けたりするとよいでしょう。そうすれば，単元全体を通して時間調整をすることができるので，子どもの発言や思いを受け止め，子どもたちがワクワクする授業を行うことができるようになっていきます。

◥ POINT ◤
- 45分のタイムマネジメント力を磨こう。

（石澤　智）

CASE 2　逆算してイメージする×言葉の力を高める

まとめに行き着く計画を

　指導案ができあがったら，まとめから遡って授業イメージしてみてください。すると，一つ一つの活動の目的が改めて見えてきます。その活動を具体的にイメージすることで，どれくらいの時間がかかるか予想が立ちます。

　もし，授業時間が超過しそうであれば，活動そのものを見直す必要があります。何とか終わらせようと活動時間を短くしたりすると，学習効果があると見込んで設定した活動が台無しになってしまうからです。

　一時間の展開に加え，一つ一つの活動の時間を簡単に書き出してみましょう。これを繰り返すと，自分の力量と学級の実態を鑑みて，どの活動に，どれくらい時間がかかるか，少しずつ予想が立つようになります。

　ここで，できることなら活動中の子どもの様子を具体的に想像するといいでしょう。個人の活動なら，その子のつまずきを想像してみましょう。すると，活動中の個別の指導も浮かんでくるはずです。

　こうした具体的なイメージが，教師の支援や手立てを生み，ひいては力量形成にもつながります。まとめまで行き着くことを目標にするのではなく，一つ一つの活動をコントロールする意識を持ちましょう。

発問・指示・説明の技術を高める

　次に，教師の指導技術に焦点を当てて考えます。

　そもそも，教師の指導技術が伴わなければ，いくら完璧な計画ができたとしても，その通りに展開することは難しいです。そこで，教師の指導技術として，まずは発問・指示・説明に絞って授業を展開していくイメージを持つとよいでしょう。

　授業中に自分が使う言葉が，「発問」「指示」「説明」のどれに当たっているかを意識したことはあるでしょうか。

　発問は，子どもの思考を深めるための教師からの問いかけ。説明は，分からないことを分かるようにする言葉かけ。指示は，子どもに動きを与える働

きかけです。これらは，授業中のみならず，日常会話にも溢れています。指示の後の子どもたちの反応が悪い。説明をしても表情が冴えない。そのようなときにもう一度，自分の言葉を見つめ直してみましょう。

　言葉を磨く一つの方法に，「自分の言葉を聞く」方法があります。録音や授業動画を撮り，言葉を聞くのです。実際に聞くと，「こんなこと言ってたの？」と驚くことがあります。それくらい，自分の発する言葉は曖昧なのです。「自分はこう言った『つもり』」ではなく，録音，録画という事実をもとに，見つめ直してみましょう。

　もう一つは，授業記録を書くことです。授業記録には，教師の言葉と子どもの言葉，そして反応を書きます。このとき，子どもたちの言葉や反応をもとに，自分の言葉を振り返ってみましょう。振り返りを続けると，過去の自分の言葉と子どもたちの反応から，「こういう言葉やニュアンスで伝わるのか！」「前回はこの言い方で通じたのに，今回はどうして通じていないのだろう？」などといった，気付きがたくさん生まれてきます。この気付きが多ければ多いほど，言葉に対する意識が高まっていると言えます。地道ではあるものの，言葉を意識するうえでは大事な作業です。

　発問，指示，説明が曖昧だと，当然，子どもたちの反応も鈍くなり，活動は滞ってしまいます。言葉に対する感覚が磨かれれば磨かれるほど，自分自身の言葉と子どもの反応を，授業づくり段階から細かくイメージすることができます。そして，子どもたちが自分の言葉で，どのように活動に取り組むかをイメージすることができれば，授業もイメージに近い形で行えるはずです。つまり，一時間でまとめまで辿り着ける可能性がぐっと高まるのです。

↘ POINT ↙
- 時間配分を踏まえた計画を立てる。
- 教師の言葉の力を高める。

（津留﨑勇希）

Reflection

〈CASE 1：石澤実践について　授業分析の大切さ〉

　石澤実践で述べられていた「授業の記録をし，分析する」ことは，自分自身の指導技術を高めることにつながります。教材研究は授業準備なので，予習になります。授業を分析することは振り返ることなので，復習に近いものです。しかし，復習である分析の時間は，「次の授業をどうするか」という，実はかなり未来志向な作業です。自分の実践を一旦立ち止まって振り返ることで，次の授業のイメージが湧いてきます。もはや，これが指導技術を高めること，ひいてはこのテーマである「まとめに辿り着く」ことの解決策だとも言えるのではないでしょうか。(津留﨑)

〈CASE 2：津留﨑実践について　自己分析を積み重ね，指導力を高める〉

　活動ごとの時間配分を設定し，修正を繰り返していくという点が，とてもよいと思いました。経験を重ねると，各活動にかかる時間が大体予想できるようになっていくのですが，それは，上記の地道な努力の積み重ねが，成果につながっていったのだなと思います。また，教師の発問・指示・説明の仕方を磨くことが計画通りに授業を展開することに大きな影響を与えている，という点に共感しました。「この時間でこのくらい書いてほしい」「指示された後，パッと動いてほしい」，そうなるように子どもを育てなければ，と考えがちですが，教師の指導力にスポットを当てて，授業改善を図るという点が，素晴らしいです。(石澤)

（津留﨑勇希・石澤　智）

> ### 土居先生のココがポイント！
> もちろん，一時間の授業をまとめ上げることは重要です。しかしながら，それよりももっと大切にしたいのは，子どもの思考のつながりや意欲的な姿です。時間内にまとめ上げようとすると，どうしても教師が強引に引っ張ることが増え，子どもたちの思考が途切れたり，『結局，先生がまとめてくれるから……』と受け身になったりします。二つの CASE にあるような基本は押さえたうえで，それでも子どもたちの議論が止まらない，そんな授業を目指すときがあってもよいと思います。

振り返りを書かせるには どうしたらいい？

　学習内容の充実だけでなく，学び方の充実も求められています。子ど
もたちは，どんな方法で学習し，何を学んだかを自分自身で振り返り，
教師は学習者が主体的に学ぶことができたかどうかを見取ります。

　このように，振り返りの重要性は理解してはいるのですが，実際，教
室での子どもたちの様子は，

　「書く子はどんどん書くが，内容の高まりがない」

　「書けない子は鉛筆が止まって書くことができていない」

といった状態になり，取り組みの雰囲気は様々です。「振り返りを書き
ましょう」というと，クラスの雰囲気が重くなり，書くことができない
子が目立つこともあれば，そのひと声で鉛筆の音が聞こえ，集中して取
り組む学級もあります。どのようなことに気を付けて指導をすれば，こ
のように書けるようになるのでしょうか。

　肝心の書き方や書けるようにするためにどうすればいいのでしょうか。

書けない子と書ける子，それぞれへの手立てを

振り返りを書けるようにするためには？

　授業終了間近に，振り返りを書くクラスは多いはずです。教師の「振り返りを書きましょう」という合図のもと，鉛筆の音だけが教室に響き渡り，ひたすら書き続けます。このような姿は振り返りを書くことに慣れているクラスでしょう。しかし，どのクラスも最初からスラスラと書くことはできません。地道な指導のもと，振り返りが書けるようになります。

　では，振り返りを書けるようにするためには何が必要でしょうか。それは，

・型を示すこと

・良い振り返りを紹介し，価値づけをすること

　この二つが必要となります。なぜでしょうか。

　まず，型を示すことで，書けない子が安心して取り組めるようにするためです。書けない子どもたちにとっては，どんな書き方をすればいいか（構成），どんなことを書けばいいか（内容）といった二つのことを考えることは，難易度が高いです。型を示し，内容を考えることに集中させてあげるべきです。

　さらに，価値づけをすることで，「さらに書きたい」といった思いを持てるようにすること，また，良いモデルとして「お手本」にすることで意欲喚起の側面もあります。ポイントは，「書ける子」にも手立てを打つことです。クラスの雰囲気をつくるのは，こういった書ける子たちがどれだけ意欲的に活動できるかにかかっています。ですから，私は書ける子にも手立てを打つことが必要だと考えます。

書くことが苦手な子への手立て：型を示す

　振り返りを書けない子は，「書き方」を知らないことがあります。そのため，型を示すことで書ける子も増えます。

　ここでのポイントは，最初は質より量を求めることです。最初からクラス

全員が上手な振り返りを書ける
ことはありません。右のように，
何回も繰り返すうちに書けるよ
うになります。ですので，最初
は型を示し，書けるところまで
書くことを求めます。3行しか
書けなかった子が5行，6行に
なってきたとき，その姿を見逃
さずに，「書けるようになった

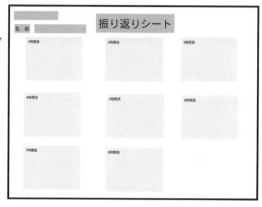

ね」「前回より書けているよ」と評価し，書く意欲へとつなげていくといい
でしょう。

書ける子への手立て：学級通信で紹介し，価値づけをする

　学級には書ける子もいます。そのため，その子どもの意欲を高めることも
必須になり，それがやがてクラスの高まりとなります。

　そのために取り組むことは，その子たちの振り返りを「お手本」として示
すことです。例えば，学級通信に載せ，子どもたちに紹介するという方法も
あるでしょう。また，授業の冒頭で ICT 機器を使い，スライドに映し出し，
紹介することもよい方法です。どちらの方法でも共通することは，どこがよ
いかを明確に伝えることです。「○○さんの振り返りは上手です」で終わる
のではなく，「○○さんの△△が分かりやすいですね」などと具体的に示す
ことが大切です。そうすることで，書ける子はさらに書き，苦手な児童はそ
の形をモデルにして，自分なりに振り返りを書こうとします。

＼ POINT ＼

- 型を示す。
- 良い振り返りは紹介し，教師が価値づけをする。

（大橋健太郎）

"教室で""友達と"学ぶ価値を示す

「友達の名前＋意見」を視点に書く

　子どもたちが書く振り返りには，「分かったこと」「次にやりたいこと」など多様な視点があります。こういった視点で書かせるのは何のためでしょう。書かせる以上は目的を明確にして，子どもたちにとって意味のある活動にしていく必要があります。

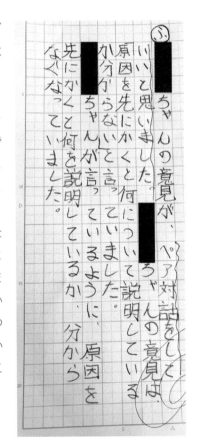

　私は振り返りの視点に，授業でのペアやグループ，全体での話し合いで出た「友達の意見」を書かせています。この視点で振り返りを書く目的は二つあります。

　一つ目は，他者による多様な視点で物事を見ることで，新たな気付きが得られるためです。友達の意見による気付きを言語化することは，1時間の学びを具体的なものにすると考えます。

　二つ目は，対話の指導にもつなげていくためです。友達の意見に耳を傾けることで，より丁寧に友達の話を聞くことができます。また，話す側の児童は話を聞いてもらえるという承認欲求を満たし，居心地のよい空間をつくっていくことができます。対話の充実という側面を，振り返りを通して実現していくこともできるでしょう。

スモールステップでの指導

　友達の意見を振り返りの中で書けるようにするためには，学年やクラスの実態に応じた指導が必要です。そもそも，書くことが得意な子もいればそうでない子もいます。また，この視点は友達の意見を「聞くこと」が求められます。そのため，「聞くこと」も踏まえたスモールステップで指導していきます。

ステップ①　振り返りに友達の名前を書く

　初めのうちは，「今日の振り返りでは友達の名前を書きましょう」と授業の冒頭で子どもたちに話しておく。「〜さんの意見がよかったです」程度でもよい。

ステップ②　振り返りに友達の名前＋意見を書く

　「〜さんの意見を聞いて〜と分かりました」「〜さんの意見で〜と考えました」などと，「友達の名前＋意見」を書かせるようにしていく。

　最初は，友達の名前を書くことができればよいですが，徐々にステップ②まで書かせてもよいでしょう。

　書くことが苦手な子どもに対しては，個に応じたタイミングでステップを上げていくようにしたり，書けた量に限らず価値づけしたりしながら書けるようにしていきます。

ᐳᐳ POINT ᐳᐳ
- 振り返りを書く目的をはっきりさせる。
- スモールステップで「友達の名前＋意見」を書けるようにする。

（太田修平）

Reflection

〈CASE 1：大橋実践について　どの児童にも目を向ける〉

　大橋実践は，書けない子どもだけでなく，書ける子どもにも目を向け，手立てを考えています。手立てとなると書けない子に焦点を当てることが多いでしょう。しかし，書ける子にも目を向けてあげることは，子どもの承認欲求も満たされていくことにつながると考えます。

　振り返りを書かせるときだけでなく，学級づくりでも，こういった教師の姿勢は大切にしていきたいです。（太田）

〈CASE 2：太田実践について　書くときのひと工夫〉

　本稿で示したように，「振り返りを書きましょう」ではいつまでたっても書けるようにはなりません。書けるようになるためには，ひと工夫が必要です。太田実践では「名前と意見を書く」という手立てを示すことで，書けるように指導をします。大切なことは，なぜ，その方法で書くのかを伝えることです。子どもたちの中で，納得解として得られれば，さらに質の高い振り返りを書くことができるのではないでしょうか。（大橋）

（太田修平・大橋健太郎）

　土居先生のココがポイント！　自分の学習を振り返ることは，自己調整学習を促すと言われます。まとめと振り返りを分けて明確に書かせることが重要です。まとめは「学習内容」を端的にまとめさせます。ここでは，重要な点を的確に捉えているか，という視点で教師は評価します。一方振り返りは「自分の学習」について書かせます。ここでは，自分の考えの深まりやそのきっかけ，自分の学習の傾向や次の学習で意識したいことなどを書かせるとよいでしょう。多様な良さを認め，共有していくとよいでしょう。

宿題って何を出して，どう扱ったらいいの？

　「とりあえず，去年と同じで，漢字スキルと計算ドリル，あと音読を出せばいいかな」——このように宿題を決めてしまうことがあります。

　本来は，しっかりとその効果を考えて，なぜその宿題を出しているのかということに答えられなければいけないのでしょうが，実際に宿題を出すと，提出チェックで終わってしまい，指導はおろか，ろくに中身まで見切れない日々です。次第に，宿題を出す目的も忘れ，ただ出しているだけの状況になることもあります。気付けば，毎年，同じような状況が続いてしまっています。

　こうした問題を少しでも解消するために，どのような方法があるでしょうか。

付けたい力を自覚させ, 即時評価で強化する

宿題で身に付く力を考える

　宿題を出すときには,「どんな力を身に付けたいか」を考えることが大切です。私は宿題を通して, 良い力だけでなく悪い癖が身に付くことも想定しています。宿題の内容とその対策を述べます。

●新出漢字のノート練習

　丁寧に書く力が身に付く一方, 雑に書くことを繰り返せば, 雑に書く癖が付いてしまします。

〈対応〉ノートの上部に, 自分で決めためあてを書かせ, 目標を持たせることで意欲を高めます。また, 漢字ノートの1行目だけ, 学校で本気で書かせてチェックをし, 家で続きを書かせます。すると, 丁寧に書いた自分の字が見えるので, 最後まで手を抜けなくなります。

●計算ドリル

　ドリルに取り組み, 丸付けまで自分でさせます。自分で丸付けをするので, 答えを見て, 適当に丸付けをする可能性もありますが, 学習の責任は自分にあるので, どう取り組んでも構いません。ただし, 分からないから何もしないのでは「楽すること」を覚えてしまいます。

〈対応〉宿題を出す当日に, 1問だけ一緒に取り組みます。こうすることで, やり方が分かることと, そのページの見通しを持つことができ, 安心感につながります。また, 翌日に計算ドリルと同じ問題を, モジュールタイムや授業の初めに1問だけ取り組むことも効果的です。苦手な子どもも, 再度取り組むことで定着を図ることができます。この際, ペアで問題の解き方を説明させ合うことで, 苦手な子も説明を受けて理解することができます。

●3種類の自学

(1)　学習内容を定着させる自学：授業と対応させた計算練習や漢字練習などに取り組み, 定着を図ります。

(2)　知識や考えを広げる自学：授業や授業以外のことでも, 関心のあるこ

とについて調べて，ノートにまとめます。

(3)　知識や考えを深める自学：広げる自学から，さらにつなげて問題を見出し，解決に至る自学です。学習の連続性があります。いずれも，子どもの意欲を高めることにつながりますが，目的がなければ，適当に漢字を書くだけや，好きなものランキングを調べるだけになります。

〈対応〉自学を互いに見合う時間を設け，各々の着眼点に気付かせたり，ノートのまとめ方を学ばせたりします。事前に，「友達のノートの良さや面白さを見つけ，自学に活かせるようにしよう」と声をかけると，自学に取り入れようとする姿勢が生まれます。また，良い自学の取り組みを教室に掲示したり，学級通信に載せたりすることも意欲向上につながります。

即時チェック，即時評価でコミュニケーションの場に

上記に加え，私は宿題の即時チェックと即時評価を行っています。朝，子どもたちが宿題を持ってきた際，その場でひと声かけ，ノートと名簿に評価を入れます。例えば漢字練習の場合，「前のページを開いてごらん。比べものにならないくらい上手になってるね」「マス目を意識して練習してきたことが分かるよ」などと伝えます。また，「しっかりと，はねようね」などと，指導もします。

自学は，子どもたちと一緒に話しながら見ます。気付いたことや良いところを，その場で子どもに伝えることのできる時間です。助言などのコメントもその場で書き込むことで，取り組み方の向上につなげます。指導を即時的に行えば，チェックも終わり，なおかつコミュニケーションをとる絶好の機会となります。

↘ POINT ↗
- 宿題で悪い癖が身に付くことを知ろう。
- 即時チェックと即時評価で指導とコミュニケーションを図ろう。

（津留﨑勇希）

宿題は，進め方・どんな力が身に付くかを共有して行う

　宿題には，①学習した内容を復習することによる知識の定着　②家庭での学習習慣を身に付けること　③自分で計画を立て，実行し，期限までに提出するというサイクルを回すことで，自己調整能力を高めること，の３つのねらいがあります。

　どの宿題も，行うことでどんな力が身に付くか，知識面と態度面についての趣旨説明を年度当初に行い，クラス全体で進め方を共有しておくようにします。そうすることで，やり方が分からないときには，クラスの友達に聞くことや，宿題チェックの際，基準を揃えることができるので，一貫した指導が行えるようになります。

宿題の進め方の実際

●漢字・計算ドリル

　計算ドリルに関しては，授業を行ったページまで進めます。高学年になると塾で時間がとれない子もいるので，「〇日までに何ページまでが終わっていればいい」とするなど，期限を決めて提出させるのもよいでしょう。子どもは，自分で計画を立てる自己調整力を伸ばす練習にもなります。

●作文

　作文に関しては，年度の初めにお題のリストを出すようにしています。そして，その中から選ぶことを基本にしつつ，「今日は社会科見学の振り返りを書きましょう」「沖縄と北海道，住むならどっちがいいと思うか，自分の意見を書きましょう」など，教科や学習内容に関連させた内容を課し，書く力の定着を確認する機会も意図的に設定するようにしています。また，技能の定着確認のための課題の場合は，指定した文型を活用しつつ，自分の考えを書けているかについて評価をするようにしています。

宿題チェックは観点を決めて短時間で

　週末の出来事を書く日記のときは，改行チェックや誤字指導は最低限にし，気になった箇所に線を引き，肯定的なコメントをひと言添えて返却するようにします。そうすることで，日記を子どもと教師をつなげるツールとなるようにしています。

　その他の宿題のチェックに関しても，なるべく朝の時間に教師の目の前で提出させるようにします。その際，ひと声かけることで，短時間ではあっても，その子とのコミュニケーションの機会となるようにするといいでしょう。意識していても，子どもによって話す頻度に差が出てしまうので，コミュニケーションの機会をシステムに組み込むことは，子どもたちとのよりよい関係性を構築するうえでも非常に大切です。また，漢字ドリルだったら誤字と丁寧さ，計算ドリルであれば途中式を書いているか，正しく丸付けをしているかをチェックします。

　上記の方法で，やっているかやっていないかを大体確認することができますが，時には，班長が確認したらサインをするようにしたり，「今日は班の④番の人が集めて持ってきなさい」と指示をしたりすることで，提出忘れを減らすとともに，班の中で声をかけ合うことで，子ども同士のコミュニケーションの機会を確保するようにしています。

〟POINT〟
- 宿題を行う意図や進め方を共有しよう。
- 宿題チェックを努力の確認とコミュニケーションの機会にしよう。

（石澤　智）

Reflection

スタートのスイッチを入れる

　CASE 1にある，まずは1問やってみる，というのはとても有効です。何かを始めるときには，少しでもいいから手を付けることが大切です。学校で事前に取り組むことで家に帰って宿題を行うハードルがとても低くなります。　また，次の日に即時チェックがあるのもとてもよいです。やはり，自分が頑張った分褒められると，やる気につながりますし，教師とのコミュニケーションを構築するのに有効な手立てです。津留﨑実践にあるように，①宿題の主旨説明を行う，②学校で事前に取りかかることで，取りかかりやすくする，③頑張ったことを即時評価する，このステップを踏むことで，宿題を通して粘り強く取り組む姿勢や丁寧に仕事をする力が伸びていきます。

自分の学びは自分でつくる

　そもそも学習は何のためにするのでしょう。それは，自分自身のため以外の何ものでもありません。本来学習とは，楽しいもののはずです。幼児は，自分の世界に没頭し，自分のワクワクした気持ちに沿って遊び，その中に，たくさんの学びがあるのです。こうしたワクワクした気持ちが，小学生になると与えられた課題によって失ってしまうこともあります。宿題でどんな力を身に付けさせたいかを考えるときに，子ども自身が「どうなりたいか」という目標を持つことが大切です。宿題を「こなす」のではなく，「学びをつくり出す」経験をさせていきたいものです。

（石澤　智・津留﨑勇希）

土居先生のココがポイント！
　　宿題で一番まずいのが「出しっぱなし」です。課すだけ課して，何の指導も評価もしないというのが最も子どもたちはやる気をなくします。学校で取り組みの状況を評価したり，頑張っている子のものを紹介したりして，意欲的に取り組めるように指導すべきです。また，特に高学年では，学習の方法を工夫したり，調整したりしている様子をしっかり見取り，評価しましょう。自己調整学習の成立へとつなげていきます。そのためには，子どもが工夫したり調整したりするための「余地」を宿題に残すことです。

教室の全体を俯瞰して見取るには どうしたらいい?

　教室では，30人以上の子どもたちが学習しています。子どもたち一人一人と接して，理解して，適切な支援や関わり方をしていきたいと思うのですが，放課後になってから振り返ると，

「いつも○○さんばかり指名してしまっているな」

「ただ授業を進めただけで，全然見取れていなかったな」

「この授業，みんながきちんと理解していたのかな」

と，見取りが偏っていたり，足りていないことに気付きます。

　すべての授業で全員を見取りたい気持ちはあるのですが，正直負担が大きくて続く気がしません。

　日頃から教室全体を俯瞰して，一人一人を見取る力をレベルアップしたいです。どうしたらよいのでしょうか。

「目線の動線」×全員に関わるという意志

教室全体を把握する「目線の動線」

　一時間の授業を進める中に，板書，発問，指名，ノートを見て声かけ……，教師にはやらなければならないことがたくさんあります。特に，目立つ子どもや，学習が進んでいない子どもに目が行きがちで，教室全体をまんべんなく俯瞰して見ることは，意識していてもなかなか難しいことです。

　教師になって2年目，自分の授業を動画に撮って見返してみると，全体を見ていたつもりが指示をした後，廊下側からばかり机間指導したり，目線を送ったりしていたことに気付きました。まずは自分の「目線の動線の癖」を知ることが大切です。そして，目線の動線を決め，ルーティン化することで，全体を俯瞰して見る癖を付けることができるのです。

　目線の動線には，教室左後ろからアルファベットのZをなぞるように見る「Z型」，左前から左後ろ斜め前へと「M型」，そして「W型」等，アルファベットを描くようにすると分かりやすく，実践しやすいです。無意識に全体を見渡すまでは，見始めの起点の左右を変えたり，自分のやりやすい動線を見つけたりするのもよいでしょう。一方，子どもの様子をササッとなぞるように目線を送るのではなく，その途中で1～2秒，子どもと目を合わせることを意識することで，より深く子どもとの信頼関係も築くことができます。

授業の中で全員とひと言ずつ関わる瞬間を意図的につくる

　一日の終わりに全員が下校した教室を見渡し，学級の子どもたち全員と話したことが思い出せるでしょうか。目まぐるしい毎日の中でとても難しいことではありますが，教師として意識したい大切なことだと思います。外遊びが好きな子，委員会に忙しい子等，休み時間に全員と話すのはなかなか難しいことでしょう。

　だからこそ，全員と関わることができる一番のチャンスは授業です。授業

中に，全員に声をかける機会を意図的につくるために，以下の2点を意識することが効果的です。

●目的を持った机間指導

　様子を見守る机間指導ではなく，毎回どのような子どもの姿を見取り声をかけるのか目的を持つことで，短時間で何度も机間指導を行い，まんべんなく声をかけることができます。例えば，1回目の机間指導では「丁寧な字で板書をノートに写している子」，2回目は「少し手が止まっている子」等，どんな姿の子どもに声をかけるのか決めることで，短い時間で回ることができ，その目的を変えることでより多くの子どもと関わることができます。

●ちょこっと丸付け

　1時間に1回，赤ペンを片手に，全員のノートに小さな〇を書くことを目標にします。1人2〜5秒，短い時間で1周するのがポイントです。「しっかりノートが書けているね」「見やすい文字だね」「先生の言ったことも書いたんだね」等，ひと言声をかけながらノートの端に小さく〇をつけることで，全員と関わることができます。

参考文献：志水廣（2010）『子ども，教師，学校が変わった「〇つけ法」の奇跡』明治図書

\\ POINT //
- 「目線の動線」を意識する。
- 授業の中で全員とひと言ずつ関わる機会を意図的に設ける。

（竹下志穂）

　自分の癖を自覚し，変えてみる

自分の立ち位置と視野を見直す

　教師の基本ポジションはどこでしょうか。自分自身の経験を振り返っても，他の先生方を見ても，教室の前にいることが多いと思います。では，教室の前のどこにいて，どちら側を向いて立っていますか。

　教師には口癖があるように「立ち位置の癖」もあります。

　私は，無意識のうちに黒板の左側で教室の廊下側を向いています。私自身の立ち位置の癖です。なので，意識的に右側に立ったり，黒板から離れてドアや窓の近くに立ったりします。教室の後ろに移動することもあります。

　それは，「視野」を変えるためです。いつもの立ち位置では視野が変わらないので，見やすい場所（座席）が変わりません。

> 　意識して立ち位置を変え視野を変えることで，いつもとは違う子どもたちの様子を見られるようにする。

　また，基本の立ち位置を意図的に決めて授業設計することも大切です。

　体育の学習では，子どもたちの学びを見逃さないためにも，安全面の配慮のためにも，すべての場が見えて指導しやすい位置に立つことが大切です。つまり，立ち位置も含めた場を計画的に設定しなければなりません。場当たり的な立ち位置ではなく，意図を持って立つことで見取りや指導につなげることができます。

　教室での学習でも，同様の設計ができそうです。自分の学習の流れに合わせて自分の立ち位置や場を設定していきたいものです。

自分の焦点を見直す

　人間は目立つところに目が行きがちです。それは当たり前なのですが，クラスの子どもたち全員を見取っていくためには，意識してそれを見直す必要があるでしょう。

　教室で授業中に目立つところといえば，発言している子どもです。子ども

が発言しているとき，もちろん発言者の態度を見て，内容を聞き，価値づけすることも見取りと指導の一つです。しかし，教室にはそのときに発言していない30人程度の子どもがいます。発言者1人に注目しすぎると周囲の子どもを見取ることができません。ですので，次のことを意識しています。

> 目は周囲の子ども，耳は発言している子ども

　どんな反応をしているのかな，発言を聞いて目の色が変わったり，今にも発言したくてそわそわしていたりする子はいないかなと，周囲の子どもの様子に焦点を当てます。そして，発言者の価値づけとともに，周囲の子どもの価値づけをしたり，問いかけをしたりします。
　「○○さんは頷きながら聞いていたね。どんなことを考えていたの？」
　「○○さんは発言をきちんと聞いていたから新しい考えが生まれたんだね」
　このように価値づけていくと，友達の意見を「聞く」指導にもつながります。
　見取りと指導は一体です。あらゆる場面で多くのことに焦点を当てて見取ることができれば，多くの指導場面を見つけることにつながるのです。

POINT
- 立ち位置を変えて視野を広くしよう。
- 焦点を変えて見取る場面を多くしよう。

（三浦史聖）

Reflection

全員と一対一で関わるためには

　初任の頃，先輩の先生に「放課後子どもたちが帰った教室で，一人一人の席を見ながら誰と何の話をしたか思い出せるかやってみてごらん」と言われたことがあります。一人一人を大切にしたいと思っていたものの，実際にできていなかったことに気付き，関わりが少なかった子の名前を手帳にメモし，次の日に積極的に関わるようにしていました。しかし，その実践を毎日行うのは難しく，また，1日が終わってから気付くのでは遅いことに気付きました。そこで，授業の中で意識的に全員と関わるにはどうしたらよいか考え，取り組んでいるのが CASE 1 の実践です。自分の視線の癖を見つけたり，毎日小さな目標を決めて児童全員と意識的に関わったりすることで，自然と自分のスタイルを見つけ，俯瞰して見ることができるのではないでしょうか。

子どもの視線も変わる

　教師の立ち位置によって変化があるのは，教師側だけの話ではありません。子どもにとっても教師の立ち位置が変われば見ている景色が変わります。教師がいつもとは異なる場所にいると「いつもよりも見てくれているな」「なんだか緊張感があるな」といつもの授業に変化が生まれます。立ち位置について先輩に教わってから，日々気を付けている習慣の一つになりました。派手な取り組みではありませんが，このように細部にこだわることも大切なことなのだと気付かせてくれた取り組みです。

（竹下志穂・三浦史聖）

> **土居先生のココがポイント！**　まずは教師が「自分は子どもを見られていない」という前提に立つことが重要ではないでしょうか。見られていないからこそ見られるように努力するし，「見る」以外の手を使ってでも子どものことを知ろうとするのです。「見られていない」ということに気付くためには，子ども一人一人の「今日」の記録を思い出して書いてみましょう。思いのほか書けず，愕然とするはずです。その思いがスタートになりますよ。

どうやったら授業改善を図れるの？

　管理職の先生や先輩から，「授業が大切」「とにかく授業力をあげていこう」と耳にタコができるほど聞かされてきています……。

　ですが，イマイチその授業力を高める方法が分かりません。どうしたら授業改善をしていけるのでしょうか。

「準備する力」と「進める力」は両輪で

授業力の内実とは

そもそも授業力とは何でしょうか。ここが曖昧だと結局何を改善していったらよいか分かりません。

私は，大まかにいうと授業力を二つの側面から捉えています。

一つは，教材研究して授業を構想する力です。発問や学習活動を考えたり授業展開を考えたりすることがこの力に当たります。授業を準備する力といえば分かりやすいでしょうか。いま一つは，実際に授業を推進する力です。子どもたちの発言をつないだり，発言の意図を捉えて価値づけたり，軌道修正したりする力のことです。授業を進める力といえます。

この二つの力は，似て非なるものです。本稿では，この二つの力を伸ばしていく方法について考えていきましょう。

授業を準備する力の伸ばし方

まず，授業を準備する力の伸ばし方です。こちらは，教育書を読んだり教材研究に力を注いだりすることで伸ばすことができます。

教育書を読むことで，新たな指導法を知れたり，教材への解釈が深まったりします。例えば「発問」について扱った教育書を読めば，子どもたちが食いつき，考えを深められる発問の仕方や具体例について知ることができます。

教材研究に力を注ぐと，子どもたちに指導したいことがたくさん見つかります。例えば，ある物語文を読み込めば読み込むほど，文章のつながりが見えてきて，「あぁ，子どもたちにこのことに気付いてもらいたい」ということが増えてくるものです。また，教材研究の方法について記された教育書を読めば，教材研究の勘所がつかめてきて，その本には載っていない教材についても，自分の力で教材研究を進めていくこともできるようになります。

この力を磨いていくうえで大切なのは，一つ一つの発問や教材の指導といった具体の向上を，そこだけに留めず，その他の発問や教材へと広げていく意識です。具体の向上の要因を分析し，その他にも活かすのです。例えば，

「この発問はとても盛り上がって，子どもたちの考えを深めることができた。何がよかったのだろう」と分析し，仮説を抽出し，その仮説を他の領域にも活かして検証していくのです。そうすれば，本を読んだり徹底的に教材研究をしたりして得た知識や経験をもとにしながら力を伸ばしていけます。

授業を進める力の伸ばし方

　次に，授業を進める力の伸ばし方です。こちらは，徹底的に自分の授業や実践を振り返ることで伸ばすことができます。

　授業を「準備」するのは授業前ですから，基本的にたくさん時間をかけることができます。その気になれば無限にかけられるのです。一方，授業を「進める」ということになるとそうはいきません。例えば，授業の中でカギとなる発言が子どもからあったとします。そのとき，どのようにその意見を扱えば子どもたちの思考が深まるか，教師が迷ったとします。それでも，「ちょっと待って。先生よく考えるから，1時間くれない？」というのは通用しませんよね。その場その場で瞬時に判断し行動しなくてはならないのです。つまり，「準備」ほどじっくり考えている時間はなく，とにかく授業を「進めて」いかなくてはならないのです。

　ですから，授業を進める力は，教師が頭の中で「こうしてああして……」と事細かに考えて発揮されていない可能性が高いのです。感覚的に行っている面が大きいでしょう。そのため，感覚を意識化するために「振り返る」のです。その方法として私が強くオススメするのは「授業記録」を書くことです。授業記録について詳しくは『新卒3年目からグイっと飛躍したい！教師のための心得』（明治図書）をご覧ください。

ॱ POINT ॱ

- 授業を準備する力と進める力を意識的に伸ばす。

（土居正博）

授業改善をして，どんな子どもの姿にしたいのか

　授業改善をするためには，学びが深まっている姿を授業ごとにイメージすることが大切です。学びが深まっているかどうかは，その授業の目標と照らし合わせるとよいでしょう。特に，目標を具体的な姿にして落とし込むと，子どもの姿が見えてきます。

　また，授業を考える際に，一人一人をイメージするために，座席名簿を見ます。「このタイミングで，この子がどんな姿になってほしいか」を考えるためです。座席名簿を見ると子どもの姿が浮かぶので，イメージしやすくなります。このイメージがあるから，様々な手立てが浮かんでくるのです。そして，イメージを実現するためには，やはり実践しかありません。

授業を観る・観てもらい，振り返る

●授業実践を観る

　実践を観るときには，「自分だったらこうする」という視点を持ちます。これをするには，活動や指示の意図を理解したうえで，よりよい方法はないかを模索することが大切です。活動や指示の理解ができていれば，そのよさに加え，改善点も考えることができます。

　また，実践後は，授業者と必ず話をします。そのときによかった点，改善点と代案，そして，疑問を一つは必ず伝えるようにしましょう。よかった点を伝えると，その指導に価値づけができ，自分自身の手法の一つに加えることができます。改善点と代案については，よりよい方法を授業者と共に模索することで，自分の技量を高めることにつながります。特に代案の検討は，次の授業で実践をすることで，再び授業改善につながっていきます。

　疑問を伝えるには，疑問を持たなければなりません。「ここでの目標は○○なのに，なぜ△△をするのだろう」というように，目標と照らし合わせて疑問を持ちたいものです。授業者は，この疑問の答えを持っているかもしれないし，授業者自身も悩んでいる，もしくは気付けていない可能性もありま

す。実は，ここに授業改善の秘訣があります。観る側も実践者側も，一度立ち止まり，目標に戻って考え直す必要があるので，授業づくりの再構築を行うことができるのです。改善とは，積み上げるだけでなく，一度，勇気を持って崩すことでもあると考えます。

●授業実践を観てもらう

　実践を観てもらうメリットは，自分の指導を客観的に見つめ直せることです。前述した，実践を観るときの視点で，参観者に観てもらい，実践後に話をしましょう。すると，自分ではいいと思っていた指導が，参観者の目には違うように映ることが多々あります。これは，授業を観てもらわなければ気付けないことです。また，自信のなかった指導に対しても，どのように改善していくかを話し合うことができます。観てもらえば，自分の認識のズレに気付くことができます。

●振り返る

　毎日の実践の振り返りを文章で記録に残すとよいでしょう。書くときには事実と考えを分けて書きます。事実は，自分の発言（発問，指示，説明）とそれに対する子どもたちの反応です。ここを詳細に書くことで，自分の授業を頭の中で再現する力が付きます。考えは，自分の発言の意図や子どもの反応の分析などを書きましょう。なぜ自分がその言葉を使ったのか，なぜ子どもはこの反応をしたのかを振り返り，分析をすることで，次の授業では，どうしたらよいかを考えることができます。

　子どもたちの学びが深まるための授業改善は，実践とその振り返りを繰り返すことで可能となります。

╲ POINT ╱
- 授業改善をした先を見る。
- 授業を観る，観てもらう，振り返る。

（津留﨑勇希）

Reflection

〈CASE 1：土居実践について　何をもって改善か〉

　土居実践では，授業力を「準備する力」と「進める力」に分けて捉えています。CASE 2 の実践も，この二つの力の中にあると思います。特に「準備する力」で書かれた教育書を読むことは，先人たちの考えに触れることであり，自分の実践の位置を知る機会となります。授業観を深めることと，広めること。どちらも大事にしていきたいですね。（津留﨑）

〈CASE 2：津留﨑実践について　授業を観合う重要性〉

　CASE 2 の津留﨑実践では，授業を観ること，観てもらうことの重要性が説かれていました。CASE 1 では書き切れませんでしたが，非常に大切なことであると思いました。授業を観合うことは，授業改善をするうえでも，授業について同僚と語り合い学校の教育力を高めるうえでも，有効です。同時にそういう積み重ねをしていける同僚との良好な関係を築くことも重要です。（土居）

（津留﨑勇希・土居正博）

> **土居先生のココがポイント！**　自分の授業力の弱い点はどこか——これを捉えることが第一でしょう。漠然と授業力を高めたいと思っているだけではなかなか高めることができません。それでは，自分の授業力の弱点を見極めるには，どうすればいいでしょうか。やはり子どもたちが答えを持っています。プランの論理性や提案性ばかり高くて子どもたちがのってこないときは「進める力」が足りていませんし，子どもたちとワイワイ楽しく皆を巻き込んで進められるけれど，子どもに力が付かない場合は「準備する力」が足りていないはずです。

おわりに

「約65〜73%」

上記の数字は何の割合でしょうか。
そうです。学校生活において授業の時間が占める割合です。

子どもたちが学校で過ごす大半の時間は授業です。
　ということは，授業が充実して，満足いくものになれば，学校生活も充実していくといっても過言ではありません。それは，授業（子どもたちにとっては学習）が充実するとは，特定の教科・領域の学習内容が「できる・分かる・使える」ことだけではないからです。

・友達と一緒に話し合っていくうちに，意見がつながって，新しいことが
　見つかるから。
・困っていたときに，○○くんが教えてくれて，嬉しくなったし，もっと
　よく分かった。
・最初クラス替えしたばかりのときは，ドキドキして話せなかったけれど，
　仲良くなっていくうちに授業でも話せるようになって，楽しくなってき
　た。

　これらは「学習（授業）は楽しいか。またその理由は？」と尋ねたアンケートで，私の学級で実際に出てきた意見です。「できる・分かる・使える」ようになるための過程として，友達との協働や助け合いがあるはずですし，その根本には「気軽に話し合える」「自分の意見をみんなが受け入れてくれる」といった信頼感，心理的安全性が保障された学級風土があるはずです。
　そういった意味で，授業が充実しているかはその学級の在り様，まさに学

級経営に直結するものだとも言えます。

　本サークルの代表である土居正博も著書『授業で学級をつくる』（東洋館出版社，2022）の中で，「真に安定した学級は授業でつくられる」と授業と学級経営の関連性を端的に主張しています。

　授業はまさに，学校生活の大半を担うものであり，学級経営において要となるものだと言えます。ですが，授業が学校生活の時間の大半を占め，重要であるがゆえに，授業の悩みは尽きません。

　そして，3年目までの先生方が抱える，授業に関係するお悩みの多くが実は，次のように「大人数での授業を行う際の指導技術」に関するものです。

　　・どうすれば全員参加の授業ができるか
　　・皆と同じペースだと取り残されてしまう子がいる……
　　・発言する子が限られてしまう……

　それは考えてみれば当たり前の話で，ほとんどの方が教職につくまでに，大勢の人数を対象として学習を成立させるといった経験をしたことがないからです。

　だからこそ，日々授業が思うようにいかなくても，「自分はこの仕事に向いていないのでは……」，「本当に授業を充実させることができるのだろうか……」などと過度に思い悩む必要はありません。

　知識不足，経験不足が原因なのですから，必要なのは「学んで知ること」と「意味ある経験の積み重ね」です。指導技術は「技術」ですから，身に付けるために必要な知識もあればコツもあります。

　また，それらは知ってすぐに身に付くわけでなく，試してみて，成果や課

題を言語化して，また考えて実践してみるといったように意味ある経験の積み重ねが大切です。教育サークル KYOSO's でもそのように実践が意味ある経験として積み重なるように，「実践の言語化」と「理論と実践の往還」を大切にして，日々活動しています。

　本書は，そんなサークルメンバーそれぞれが，地道で愚直な実践経験を経てつかんだ自分なりの「コツ」を紹介しています。「授業づくり編」と銘打っているように，日々の授業の具体的な困りごとを挙げ，その解決策を2事例ずつ挙げています。

　あえて一つの困りごとに対して，二つの事例を紹介しているのは，一つの課題であっても，解決方法は多様にあるからです。それは，学級の実態や発達段階，それぞれの教師の特性によります。

　ですが，不思議と共通点もあります。それこそが，普段は言語化されないけれど，実は大切にすべき実践の「芯」となる事柄です。二つの事例を見比べることで，そういった実践の芯となる共通の考え方，教師の構えや在り方が見えてきます。

　活用に当たっては，実際に試してみることはもちろん，本書を参考にしていただきながら，自身の学級や自分の特性に合わせてアレンジし，よりよい方策を編み出していっていただけたらと思います。

　そういった日々の努力が子どもたちの笑顔につながるはずです。本書をお手にとられた皆様が，素敵な教師ライフを歩まれることをお祈りいたします。

安藤浩太

執筆者一覧（執筆順）

土居 正博　　川崎市立はるひ野小学校

竹下 志穂　　町田市立南第四小学校

石澤 智　　　大田区立南六郷小学校

太田 修平　　一宮市立浅井南小学校

津留﨑 勇希　福岡市立小笹小学校

高橋 正明　　創価学園創価中学校

大橋 健太郎　泉大津市立条南小学校

山本 裕貴　　木更津市立鎌足小学校

長田 柊香　　成城学園初等学校

穐山 直人　　新宿区立西戸山小学校

三浦 史聖　　川崎市立西有馬小学校

安藤 浩太　　昭島市立光華小学校

【編著者】

土居　正博（どい　まさひろ）

1988年，東京都八王子市生まれ。創価大学教職大学院修了。川崎市公立小学校に勤務。国語教育探究の会会員（東京支部）。全国大学国語教育学会会員。国語科学習デザイン学会会員。全国国語授業研究会監事。教育サークル「深澤道場」所属。教育サークルKYOSO's代表。2018年，読売教育賞受賞。2023年，博報賞（奨励賞）受賞。著書に，『クラス全員が熱心に取り組む！漢字指導法』他多数。

安藤　浩太（あんどう　こうた）

1989年8月，鹿児島県生まれ。東京学芸大学教育学部卒業後，東京都公立小学校に勤務。日本国語教育学会会員。全国大学国語教育学会会員。日本生活科・総合的学習教育学会会員。国語教育研究会「創造国語」所属。教育サークルKYOSO's所属。国語科教育と生活科教育を中心とした低学年教育を実践や研究の主なフィールドとしている。著書に，『スタートカリキュラムと教科をつなぐ　小1担任の授業術』他。

【著者】

教育サークルKYOSO's

2015年立ち上げ。サークル名の由来は，メンバー一人一人が成長し，「共創」「協奏」「競争」し合えるような集団にしていきたいという願いから。月に一度定例会を行い，持ち寄ったレポートや模擬授業を検討し合っている。

新任3年目から「引き出し」を増やす
困った場面をズバリ解決！指導術　授業づくり編

2024年2月初版第1刷刊　©編著者　土居正博・安藤浩太
　　　　　　　　著　者　教育サークルKYOSO's
　　　　　　　　発行者　藤　原　光　政
　　　　　　　　発行所　明治図書出版株式会社
　　　　　　　　http://www.meijitosho.co.jp
　　　　（企画）林　知里（校正）井草正孝
〒114-0023　東京都北区滝野川7-46-1
振替00160-5-151318　電話03(5907)6703
ご注文窓口　電話03(5907)6668

＊検印省略　　　　　組版所　朝日メディアインターナショナル株式会社

Printed in Japan　　　　　ISBN978-4-18-355528-1
もれなくクーポンがもらえる！読者アンケートはこちらから　→